Quadratisch, praktisch, neu

Aphorismen

Gedanken

Splitter

2019

1. Auflage 2019

Andree Amelang
andreeamelang@web.de
Alle Rechte beim Autor.

ISBN 978-3-74948-628-1

Herstellung von Verlag:
BoD – Books on Demand
Nordersted

Wer anderen eine Grube gräbt,
ist Bestatter.

~

Einen bestimmten Tatendurst der Deutschen
bilanzierten die Statistiken mit 107 Litern Bier pro Kopf im Jahre 2014.
Da steckt für Volk und Statistiker viel Arbeit drin.

~

Damals der Blödeste in der Klasse, heute ein gemachter Mann,
nur weil er es zur Wendezeit verstand, die Situation der
unklaren Momente zu seinem Vorteil zu nutzen.

~

Noch immer steht die Anzahl der menschlichen Sinne nicht fest. Bei
manch einem können wir aber durchaus ein Defizit vermuten.

~

Welches Organ steuert wohl den Hang zum Unsinn,
vom Trübsinn, Blödsinn und Wahnsinn ganz zu schweigen?!

~

Mit dem Erlös der in Deutschland umherliegenden Pfandflaschen könnte
man gewiss eine mittlere Kleinstadt sanieren.

~

Neue Irrtümer werden bejubelt, sind sie qualitativ höher angelegt als der
Unsinn, welcher vorher zirkulierte.

~

Alles jenseits des nicht in der Zone des Druckreifen Gelegene müsste
bereits im Kopf dem Reißwolf zum Opfer fallen.

~

Erzähle das mal den Leuten und kritisiere ihr Gedankengut, welches sie
hochhalten, ohne dich unbeliebt zu machen.

~

Von wegen: ihm sind die Hände gebunden;
eine netter Umschreibung, um seine zwei linken Pfoten
geistreich zu verschleiern.

~

Heruntergespülter Ärger verlagert das Problem lediglich
vom Hirn in die Leber.

~

Nicht nur Fußballspiele können in die Verlängerung gehen.
Manch Koch versteht es meisterhaft, Suppenreste
über mehrere Tage zu bringen.

~

Es hilft kein Schirm, wenn die Seele im Regen steht.

~

Wer schon in jungen Jahren um sein Genie weiß,
hadert dann ein Leben lang mit Gott und der Welt,
wenn er trotz intensiver Suche nicht imstande ist,
seine Bestimmung zu finden.

~

Komiker sind nicht die einzigen,
welche mit der Verbreitung von Nonsens ihr Geld verdienen.

~

Mit dem Alter steigert sich das Gespür für die Relativität der Zeit.

~

Nachdenken muss weit schädlicher sein als das Rauchen,
sonst würden es viel mehr Leute praktizieren.

~

Seine Persönlichkeit entwickelt sich weiter;
er lügt mehr und besser als noch vor zwei Jahren.

~

Der Beamte sitzt Jahrzehnte ab und bekommt es auch noch bezahlt.

~

Was zur Wahrheit nicht taugt,
gibt immer noch eine Titelstory her.

~

Im Grabe wird mir gewiss nicht langweilig.
Tausende Würmer leisten mir dann Gesellschaft.

~

So lange es eine Vielzahl prall gefüllter Fernsehprogramme gibt,
müssen geplante Revolutionen aufgrund zu geringer Teilnehmerzahlen
immer wieder kurzfristig abgesagt werden.

~

Er erschien, nichts Schlimmes ahnend,
zu seiner Einladung aufs Arbeitsamt und wurde prompt vermittelt.

~

Meist kommt alles schlimmer,
als der Normalbürger zu denken in der Lage ist.

~

Die ihr Gewissen befragen, verraten eben doch nicht,
mit welchem Körperteil sie dabei reden.

~

Die nächste Rechtschreibreform kommt
erst nach der übernächsten Gesundheitsreform. Sie betrifft dann weniger
Leute.

~

Beim letzten Blick auf die endlich nach Hause gehenden Gäste
übt man sich sozusagen in beglückter Nachsicht.

~

Die wenigsten Schwarzseher sind afrikanische Zuwanderer.

~

Der Beamte hat zwar Sprechzeiten, doch wurden er und seine
Fähigkeiten nie auf Praxistauglichkeit getestet.

~

Erst schöpfe ich all meine Möglichkeiten aus, dann bleibt immer noch
genug Zeit, um einen selbsternannten Propheten zu befragen.

~

Fünf von vier Leuten können nicht Kopfrechnen,
das sind fast zehn Prozent!

~

Akzeptiere kein Feindbild,
bei dem dein Gegenüber ein Mensch ist.

~

Selbst wenn das notwendige Equipment permanent griffbereit liegt,
fühlen sich die wenigsten zur karitativen Handlung aufgefordert.

~

Rein gesellschaftlich gesehen existiert der statistische Durchschnittswert
eigentlich gar nicht.

~

Man sieht ihm an, dass er einst im Sternbild Waage geboren wurde,
und kann nachvollziehen, warum er den Gebrauch selbiger meidet.

~

Angeblich geht es um Menschen, doch ist stets das Geld gemeint.

~

Wen die Dummen umringen, der weiß selbst vielleicht nicht,
dass er der Dümmste ist und die anderen glauben, er sei ihr König.

~

Die Erfüllung aller Menschenwünsche hebt den Planeten
mit Gewissheit aus den Angeln.

~

Bedenklich ist vieles, des Überdenkens wert alles.

~

Zu mancher Romantik im Kerzenschein wird im letzten Moment
die Feuerwehr eingeladen.

~

Das Paradies trägt uns keiner vorbei, die Hölle schon eher.

~

———

Was der Mensch aus den Augen verliert,
glaubt er aus der Welt geschafft.

~

Das Nachbarhaus gehört wohl zu den Malediven:
Letztes Jahr tauchte dort einer für 14 Tage unter.

~

Der Pathologe kann über die inneren Werte eines Menschen
auch nicht mehr sagen als der Normalbürger.

~

Keiner möchte mehr in der Landwirtschaft arbeiten,
aber alle wollen Schwein haben.

~

Wer schnell vorwärtskommen will, schaut sorgfältig zurück,
um effektiv treten zu können.

~

Manche Leute wissen, dass es einen Goethe gab,
und in Einzelfällen ist sogar bekannt, dass er sich mit mehr
als nur Frauen und Wein beschäftigte.

~

Er lernte dazu und wusste plötzlich hundert Prozent mehr.

~

Oft hat keine Ahnung von Dimensionen,
wer sich glücklich schätzt.

~

Ein nasser Herbst kommt,
die Leute husten und haben die Nase voll.

~

Glaube und Wissen sind zwei Elemente, die lebenslang
im Menschen toben können, doch gibt es auch Leute,
welche viel Ruhe brauchen.

~

Die Argumente der Selbstdarstellung vermögen niemals
Antworten auf drängende Alltagsfragen zu liefern.

~

Egal ob die Ehefrau 50 oder gar 200 Kilogramm wiegt – man nehme
das kultivierte Zusammenleben mit ihr nicht auf die leichte Schulter.

~

Auf dem Höhepunkt der Karriere angelangt,
sind die angesammelten Leichen im Keller längst vergessen.

~

Für den einen ist es eine miterlebte Katastrophe,
für den anderen eine Nachricht wie jede beliebige.

~

Wir könnten ja den Streit begraben, aber wegen dir
greife ich heute nicht zu Hacke und Schaufel.

~

Wer weiß schon, in welches Sternbild eine ferne Zivilisation
unsere Sonne einordnet?

~

Die Erde besitzt freilich ein Gesicht, an dem wir uns alle quacksalbernd
und fahrlässig als Schönheitschirurgen betätigen.

~

Wird man Zeuge einer Denkmalschleifung, so überdenkt man eigene
Positionen im Rückblick auf die Teilnahme
bei der feierlichen Enthüllung.

~

Bei den Kängurus hat nur die Mutter was im Beutel.

~

Bestimmte Gaststätten meide ich konsequent.
Das Jüngste Gericht wird dort aktuell nicht besser sein
als bei der schlimmen Erfahrung vor Jahren.

~

Die Wahrheit – die natürlichste, zutreffendste, ja,
der Gipfel aller Theorien.

~

Jetzt, da wir die Waffen niederlegten, werden wir doch hoffentlich
mehr tun, als nur eine Friedenspfeife zu rauchen
und tödlichen Lungenkrebs riskieren.

~

Der letzte Krieger ist ein solcher nicht,
da ihm der Gegner fehlt.

~

Spätestens die Rechnung des Bestattungsinstituts
überzeugt die Hinterbliebenen davon, dass der Verstorbene
nicht umsonst lebte.

~

Wenn es im Leben bergab geht,
führt der Weg nur in seltensten Fällen heim zu Muttern.

~

Wer über das notwendige Geld verfügt,
kann sein Recht auf Ausnahme in Anspruch nehmen.

~

Bewusst wahrgenommenes und kulturvoll ausgelebtes Glück – das ist
persönlicher Reichtum.

~

Wo ein anderer zähneknirschend von Konkurrenz spricht,
sehe ich lediglich Menschen, die Gedanken aufschrieben,
und lasse mich gern dazu einladen, diese Überlegungen
für mich zu erschließen.

~

Die Scheiche bringen in knochentrockener Wüste mittels Ölförderung
ihr Schäfchen (sprich: kleines Kamel) ins Trockene.

~

Ich war gern ein Kellerkind.
Dort ereigneten sich einst die spannendsten Abenteuer.

~

Wer klug mit seiner Dummheit umzugehen weiß,
ist auch intelligent.

~

Wo von Anfang an die Dummheit regiert,
wird es wohl bis zum bitteren Ende so bleiben.

~

Sonnenauf- und -untergänge
sind die schönsten aller Scheinwelten.

~

Auch der Pechhändler erwirtschaftet mit viel Geschäftsglück
ein Vermögen.

~

Viele Menschen liegen uns am Herzen,
einige auch auf der Tasche.

~

In jungen Jahren kann man noch behaupten:
„Das werde ich niemals vergessen!" In diesem Alter glaubt niemand
an die Macht von Alzheimer.

~

Der Erfinder des Geldes brachte unbewusst den Grabstein
der Gesellschaft gleich mit in die Welt.

~

Von den auf der Strecke Gebliebenen fielen die wenigsten
in ein tiefes Schlagloch.

~

Die wenigsten erreichen mit dem Lebensende ihr angepeiltes Ziel,
fast alle sind bis zuletzt mehr oder weniger erfolgreich auf Strecke.

~

Arretiert durch Handschellen, sind einem die Hände gebunden.

~

Wer das Nachsehen hat,
schaute im entscheidenden Moment weg.

~

In der Aussprache von Mitleid und Verständnis
sehen nicht wenige ihren karitativen Beitrag.

~

Das einen Steinwurf Entfernte
ist vielleicht nur vier Meter weit weg.

~

Ich hätte gern dieses rote Kleid,
aber bitte liefern Sie die Frau auf dem Bild gleich mit.

~

Beinloses Gehen geschieht mit dem Kopf durch die Wand.

~

Die Ergebnisse der sozialistischen Planwirtschaft
standen stets in roten Zahlen.

~

Sie sehen nicht die schöne Welt,
allein und immer nur das Geld.

~

Das Kleingedruckte macht ein Geben langfristig zum Nehmen.

~

Auf der Spitze des Schuldenbergs angelangt,
genießt man die Aussicht zu Füßen fremden Geldes.

~

Mancher der auf Herz und Nieren geprüften Menschen
schätzt sich glücklich, dass Hirn und Gesinnung
nicht mit geprüft wurden.

~

Als wichtigste Andenken eines Mannes an seine Jugendsünden
dürften Frau und Kinder gelten.

~

Statt die guten Gedanken und wichtigen Projekte
noch stärker zu fördern, sorgen wir uns
um das Unwort des Jahres.

~

Irgendwann weiß der Bestochene zu viel und wird erstochen.

~

Geld allein macht nicht glücklich:
Geld und Gut muss man haben.

~

Die gefüllten Kollekten überall auf dem Globus
sorgen für fortwährenden Geldsegen im Vatikan.

~

Das Inflationsgeld behält wenigstens seinen Heizwert.

~

Wer im Geld schwimmt, setzt alle Hebel in Bewegung,
damit seine Schuldner ganz absaufen.

~

Dank der Reisefreiheit droht den Touristen
die Gefangennahme in Krisengebieten.

~

Man muss denen zuvorkommen, die dahinter kommen wollen.

~

Genug Gesprächsstoff ist vorhanden: Was soll der Stoff kosten?

~

All die Dienstjahre ließ er tatenlos verstreichen;
nein, ein Schreibtischtäter war er ganz sicher nicht.

~

Zwar bin ich Waage,
aber dennoch nicht besonders wagemutig.

~

Wer andere anmacht, läuft Gefahr, ausgeschaltet zu werden.

~

Oft endet, was mit leisem Flüstern auf einer schwach von Mondschein
beleuchteten Parkbank begann, Jahre später im hellen Gerichtsaal
mit den harten Worten des Scheidungsrichters.

~

Die Leute beneiden C. weder um sein Aussehen
noch um seine Verdienste oder die junge Frau,
sondern einzig und allein um sein Geld.

~

Manch einer verbaut sich mit wenigen Griffen die Zukunft
und genießt wenigstens noch das bisschen Spielraum,
den ihm die Gegenwart gerade bietet.

~

Zwei Prozent der Leute, die aufs Ganze gehen,
stolpern nach dem ersten Schritt über ihre eigenen Füße
und brechen sich das Genick.

~

Wir alle gehen dem Tod entgegen und werden ihn
erst in letzter Sekunde sehen.

~

Die furchtbaren Taten, die man begehen müsste,
um einen Haufen Geld zu ergattern, stinken nicht in jedem Falle
ungetan zum Himmel.

~

Manche Zweisamkeit verleiht der Langeweile
eine lebenslange Dauer.

~

———

Nicht nur Bullen, auch Ochsen werden an der Nase herumgeführt.

~

Angeblich bestehen selbst Sargnägel ab nächstem Jahr aus Plastik
und kommen ausschließlich aus chinesischer Produktion.

~

In der Wohnung eines liederlichen Messies
sieht man noch ein Stückchen vom Teppich.

~

Der Mitläufer marschiert den anderen hinterher und fragt nicht,
ob es nun Richtung Paradies oder Tod geht.

~

Sie wissen, was sie tun, und täuschen doch Unwissenheit vor,
während sie uns genüsslich quälen.

~

Kämen sich Menschen niemals einander zu nahe,
gäbe es weder leise Gespräche noch Schlägereien,
aber auch keine Kinder.

~

Ich glaubte schon einen Mann zu sehen, der das Geld aufhebt,
das ja angeblich auf der Straße liegen soll, und nahm in Wirklichkeit
einen Betrunkenen wahr.

~

Nach zwei Tagen war vom Kuchen nichts mehr da;
er führte mich zu sehr in Versuchung.

~

Ein Paar, das Sex im Flugzeug praktiziert,
nimmt eine höhere Stellung ein.

~

Reichen die zehn Gebote aus
oder werden sie nur nicht konsequent genug angewendet?

~

In manches Haus muss erst mehrfach die Polizei kommen,
damit ein Paar einsichtig zum Scheidungsrichter geht.

~

Das schönste Stillleben in Öl verrät nichts
über die Geschwätzigkeit der Dargestellten.

~

Menschen und Geld gleichermaßen zu lieben,
das vermag niemand.

~

Vielleicht zahlen die Hausherren der Putze ein Trinkgeld,
wenn sie aus dem Urlaub zurückkommen und die Bude
extrem bescheuert vorfinden.

~

Es herrscht Proportionalität zwischen der angestrebten Geldvermehrung
und der forcierten Seelenentwertung seines Besitzers.

~

Wer viel Geld besitzt, muss sich um dessen Vermehrung bemühen
und gleichzeitig die Begehrlichkeiten der Mitmenschen abwehren.

~

Beim schlecht bezahlten Bankangestellten handelt es sich
um jenen Mann, der im Park die Papierkörbe
neben den Sitzgelegenheiten leert.

~

Zur Tragik gehört, dass der verlorene Mensch sichtbar bleibt.

~

Stell dir vor, du kommst nach Hause und stehst in einer völlig leeren
Wohnung. Die Einbrecher leisteten ganze Arbeit, selbst den Kaktus
und das Klopapier nahmen sie mit. Nur deine Frau ist noch da und liegt
gefesselt in der kahlen Speisekammer;
das sollte dir sehr zu denken geben.

~

Was nützt mir ein millionenschweres Guthaben,
wenn es mir selbst schlecht geht?

~

Noch nie erfuhr jemand, wie die Welt mehr als zehn Jahre
nach seinem Tod über ihn denkt.

~

Stillstand bedeutet nicht automatisch Ruhe.
Zwar schweigen nun die Maschinen, doch die Menschen laufen kopflos
umher und schreien sich hektisch an.

~

Der typische Flaschengriff verrät das Kind im Manne.

~

Einen energischen Einbrecher hält der Wachhund nicht auf,
aber der Profi nimmt selbst den mit.

~

Er hält sich sonst für klug, aber diesmal gibt er nicht nach.

~

Jedes Jahr gießen die Autoren eine neue Flut von Aphorismen
in die Gesellschaft, ohne deren zukünftigen Wirkungsgrad
angeben zu können.

~

Manche empfinden es als persönlichen Nachteil,
abzugeben von noch allgemein Vorhandenem, und als eigenen Vorteil,
nicht teilen zu müssen aus rechtzeitig Gerafftem.

~

Es waren Leute lebenslang, aber kaum belastet berufstätig
und warten als Rentner noch immer auf den Praxistest.

~

Jeder bisher angekündigte Weltuntergang begrenzte sich
auf das Selbstmordszenario einer fanatischen Menschengruppe.

~

Naturgesetze streiten nicht um die Vorherrschaft.
Sie konfrontieren einander und irgendein Sieger steigt immer
als Phönix aus dem entstandenen Chaos.

~

Die Liebeslaube der Blattläuse ist eine grüne Oberfläche.

~

Der erste (und letzte) Kunde des neuen Herrenfriseurs
weigerte sich zu bezahlen, als er die schöne Bescherung
auf seinem Kopf sah.

~

Es muss nicht barfuß gehen, wessen Sparstrümpfe prall gefüllt sind.

~

Wer die Augen verschließt, will die eigene Unfähigkeit nicht sehen.

~

Die Kundin kaschiert die Unkenntnis ihrer selbst
und schickt das viel zu enge Kleid zurück zu Otto.

~

Der sich selbst wichtig Nehmende und vor scheinbaren Gefahren
Warnende sieht seine allumfassende Unfähigkeit nicht.

~

Alle warten auf bessere Zeiten und wissen gar nicht,
woran diese sicher zu erkennen sind.

~

Der Scharlatan mag mit den prominenten Toten sprechen,
ich lese ihre Bücher in fester Überzeugung, auf diese Weise
alles Notwendige zu erfahren.

~

Einige Musikrichtungen erscheinen derart skurril,
dass zweifelhaft erscheint, ob die agierenden Musiker vor dem aktuellen
Konzert schon einmal ein Instrument in Händen hielten.

~

Schon damals war zu erkennen, dass einzelne Mitschüler
das Zeug zum Vorsitz hatten, während andere heute noch nachsitzen.

~

Glaube nur
an die als bändefüllend angepriesenen Erleb- und Ergebnisse,
die wirklich und tatsächlich in Buchform vorliegen.

~

Ein alter Lehrer warnte uns damals davor, eine internationale Ehe
einzugehen. Auch wenn dies alle Schulkollegen beherzigten,
so hielt im selben Personenkreis dennoch kaum ein Bund
fürs Leben tatsächlich den Zeiten stand.

~

Wer anderen eine Grube gräbt,
ist Bestatter.

~

Mach dir einen Reim aus der Sache,
ohne gleich ein schlechtes Gedicht persiflierend formen zu wollen.

~

Die Ausformung des eigenen Lebens sollte nicht so erfolgen, dass
jede Kontur irreversibel und für alle Zeit in Stein gemeißelt erscheint,
sondern Detailveränderungen jederzeit möglich bleiben.

~

Vieles dauert halt seine Zeit, doch existiert einiges,
für dessen Vollendung alle Zeit der Welt nicht ausreicht.

~

Die Menschen erfreuen sich an scheinbar märchenhaftem Glitzer,
unfähig zu erkennen, dass sie betrogen werden.

~

Vornehmlich die unangenehmen Dinge drängen sich permanent auf und
verlangen eine sofortige Bearbeitung.

~

Den Doppelverwandtschaften ein konsequentes „Nein!".
Niemand darf zum Beispiel Vater und Bruder in Personalunion sein.

~

Was erweist sich letzten Endes als wahr und welche Elemente
bestimmen davon abgesehen den Alltag?

~

Egal, ob man den Sonntag
an der Talsperre oder auf der Autobahn verbringt,
man bekommt einen Stau zu sehen.

~

Der Regierungssprecher verkündet nie,
was uns das hohe Haus verschweigt.

~

Begeisterung und Ernüchterung liegen stets eng beieinander.

~

Bei jeder Nachtwanderung gehört ein Hellseher an die Spitze.

~

Ohne belehrenden Hinweis wäre mir nie klar geworden,
dass da Musik in der Luft liegt; ich hätte es glatt für Krach gehalten.

~

Egal, ob ich nun in Himmel oder Hölle komme:
Werde ich dort arbeitslos sein?

~

An einer Vielzahl von Brennpunkten herrscht Handlungsbedarf,
doch wenn überhaupt, reagieren die Menschen zumeist
mit einer völlig unangemessenen Tat.

~

Was ist unvorhersehbar? Was schwebt als unsichtbarer Faktor
über uns? Was hätten wir schon immer sehen müssen?
Was wollen wir nicht sehen?

~

Bei Nudisten und Saunabesuchern handelt es sich
trotz nicht vorhandener Kleider um Leute.

~

Zwar sitzt die gesamte Menschheit tatsächlich in einem Boot,
doch nur die oberen Zehntausend besitzen eine Schwimmweste.

~

Der ganz normale, jedermann bekannte Alltag
besteht zum Großteil aus falschem Zauber.

~

Es fängt an schlimm zu werden,
lange bevor der Wahnsinn jede Grenze sprengt.

~

Der Mensch rückt das Unwichtige in den Fokus seiner Überlegungen
und überlässt das Wesentliche zu sehr dem Selbstlauf – im Glauben
an allgegenwärtigen und fortlaufenden Automatismus.

~

Zwar bietet die moderne Zeit dem Menschen
eine hohe Lebenserwartung, doch manifestiert sich diese
leider nicht in gesteigerter Breitenarbeit.

~

Wir fühlen uns ge- und verbunden,
ohne die Fesseln wahrzunehmen.

~

Der Mensch beschäftigt sich mit so vielen Dingen zugleich,
dass er nicht mehr in der Lage ist anzugeben,
welche die Kernprobleme sind.

~

Das ausschließliche Denken im Vokabular eines Nischenbereichs
nimmt dem Normalbürger zunehmend die Sensibilität,
sich komplexe Zusammenhänge zu erschließen.

~

Wer auf einen anderen große Stücke hält,
muss diesen dennoch als Ganzes annehmen.

~

Auch wenn wir Deutschen keinen neuen Kaiser wollen,
so liegt es uns doch fern, jene Völker zu verachten,
welche an ihrer Monarchie festhalten.

~

Der Uhr des verstorbenen Vaters vermag heute keine Botschaft
für die Zukunft mehr zu vermitteln sein und mit dem einstmaligen
symbolhaften Charakter kann auch fast niemand mehr
etwas anfangen.

~

Der Glücksbegriff
erweist sich als so breit gefächert, dass sein Zutreffen
bis in das Überleben verheerender Katastrophen reicht.

~

Hintergedanke (der): für manchen Zeitgenossen das Naheliegende.

~

Früher bezeichnete man den Wissenden als wandelndes Lexikon.
In heutiger Zeit schwingt sich wohl niemand dazu auf,
das Internet in seinen Kopf zu packen.

~

Viele wollen bares Geld sehen,
aber doch keine Wunder der Natur!

~

Es sollte niemand in seinem Geburtsjahrhundert sterben müssen.

~

Erst nach Ausschöpfung aller eigenen Möglichkeiten
sollte man den Propheten befragen.

~

———

Wer permanent zu spät kommt,
lebt in einer eigenen Zeitzone.

~

Die Menschlichkeit gebietet zwar, dass die unqualifizierten
Wortmeldungen eines nichtsahnenden Zeitgenossen stillschweigend
unter den Tisch fallen dürfen, garantiert jedoch auch eine Schonung
der Person, welche sie verkündet. Jeder sollte daran denken und stets
zu einhundert Prozent entsprechend danach handeln.

~

Zusammenhänge jenseits des eigenen Verständnisses
sollte man subjektiv niemals kommentieren.

~

Die Politik kennt viele Vokabeln und Mechanismen, um erfolgreich
einen beliebigen Rückschritt als Fortschritt zu verkaufen.

~

Hauptsache, ein Neues ist vermarktbar,
nach breitem Nutzen fragt keiner.

~

Wer unbedingt mit dem Kopf durch die Wand will,
wähle Trockenbau.

~

Praktisch täglich und obendrein kostenlos sind schöne Augenblicke
präsent, doch wie oft lässt sie der unsensible Mensch unerkannt und
ungenutzt entschwinden.

~

Eine Übermacht von Konsumenten wird langfristig
jede Welt zerstören.

~

Seinen Wortschatz definiert das Geld
in allen ihm greifbaren phonetischen Nuancen.

~

Der Grundehrliche
wird seine Gründe haben, so zu sein.

~

Mit dem Tod macht man keine Scherze,
sonst hieße es ja „Sargasmus".

~

Vergiftete Pfeile schießt auch ab,
wer nie im Leben einen Bogen zu handhaben in der Lage.

~

Sprosse für Sprosse die Leiter ersteigend, gelangt man
in eine hohe Stellung – ohne den kleinsten Blick zurück …

~

Mag das Produkt auch unnütz sein,
es bringt doch Mehrwertsteuer ein.

~

Geht es um große Beträge,
wird mit mehr als gleicher Münze heimgezahlt.

~

Ein Gesprächskreis, bestehend aus drei Dummen,
zählt schon als Kongress.

~

Selbst nach jahrzehntelangem Erwachsensein
zählt nicht jeder zu den Großgewordenen.

~

Selbst kleine Kinder beschäftigen sich mit bohrenden Fragen und gehen
als erstes ihrer Nase mit dem Zeigefinger auf den Grund.

~

Viel Equipment bedurfte es nicht, um das Jodeln zu erfinden:
Zwei linke Hände, ein Brett, einen großen Hammer
und einen kleinen Nagel.

~

———

Nur in Verbindung mit dem Recht auf Weghören
bin ich für das Fortbestehen der Meinungsfreiheit als Breitband.

~

Die Polizei vernimmt den Drogendealer
und pocht auf Quellenangabe.

~

Richtet sich der Messie eine neue Wohnung ein,
so richtet er sie zu.

~

Es geht einen falschen Weg, wer sich dem Vorbild perfekt angleicht, ja,
dieses exakt nachbildet.

~

Derzeit läuft ein interessantes Pilotprojekt in Polen:
Das trojanische Pferd soll durch einen chinesischen Plastikdrachen
ersetzt werden.

~

Wer Kamasutra betreibt, nimmt Sonderstellungen ein.

~

Alle existierenden Dinge zwischen Himmel und Erde
wird der Mensch niemals begreifen, doch strebt er nach dem Besitz
von weit mehr.

~

Seine Schuldigkeit tat,
wer einen Menschen in den Ruin trieb.

~

Die Redefreiheit verhalf nicht nur längst überfälligen Wahrheiten a
n die Oberfläche, sondern häufte auch Berge aus Spam an.

~

Ob nun nach der hundertsten oder tausendsten Flasche;
irgendwann mutiert jeder Trinker selbst zu einer solchen.

~

Als bedürftig sieht sich an,
wer fortwährend nach dem Erwerb von Geld strebt.

~

Es gibt auf der Welt weit mehr Nobelhotels als Nobelpreisträger.
Ist dem vergesslichsten aller Menschen bewusst,
dass er der Weltmeister ist?

~

Die Verdienstmöglichkeit hält das Tabledance Girl bei der Stange.

~

Legt man zwei verfeindete Nachbarn zusammen in ein Grab,
so streiten sich vielleicht noch die Würmer um das Futter.

~

Die Grenzen zwischen Werbung, Angebot und Bauernfängerei
sind fließend.

~

Er ist geläutert und geht neue Wege,
seit ihm mit lautem Glockenschlag die gelbrote Karte gezeigt wurde.

~

Dass er goldene Hände hat, liegt nur an der klecksenden Farbe.

~

Was lange wie Mitgefühl aussieht, soll sich am Ende
nicht in einem Buch über fremde Schicksale manifestieren.

~

Nach erfolgreichem Ausrücken leisteten sich die Feuerwehrleute
der Auswertung halber ein Einrücken im Dorfkrug.

~

Zahnlose beißen sich nicht weniger schmerzhaft auf die Zunge.

~

Unter Sport zählt auch das Joggen hin zur roten Meile.

~

Im Tal der Gleichgültigen geht alle Entwicklung
von den wenigen Mittelmäßigen aus.

~

Geschuldet mangelnder Geduld bei mechanischen Basteleien,
fehlt mir ein echter Bezug zu einem Großteil aller Kleinteile.

~

Manch Feuerwehrorden wäre ohne die Ausprägung von Pyromanie
in den eigenen Reihen nie verliehen worden.

~

Auch Menschen aus gesellschaftlichen Seitenlinien glauben
an die Allmacht der Evolution.

~

Ein Gärtner aus den Reihen der Linkspartei redet vielleicht
mit seinen Pflanzen, doch kommt es nicht so weit,
dass zwischen den Gehölzen der Rote bete.

~

Was mit einer Problemauflistung begann, endete mit
der Verneigung des beauftragten Teams vor einem Papierturm.

~

Das Studium der Dummheit kann viele Semester andauern.

~

Mir erscheint fraglich, ob sich die Heiliggesprochenen zu Lebzeiten
tatsächlich heilig taten.

~

Bei den gutherzigen Menschen versteckt sich die Selbstsucht
in karitativem Tätigsein.

~

Der Heuchler zeigt sich scheinbar freundlich,
da von einer Geste seines Gegenüber möglicherweise
zu neuer Gemeinheit inspiriert.

~

Ein beliebiges Gewissen
lässt sich mit einem sauberen Hemd verhüllen.

~

Friedenszeiten waren schon immer die Epochen
intensiver Kriegsvorbereitungen.

~

Hartnäckigkeit verrät nichts über die Qualität dessen,
was durchgesetzt werden soll.

~

Wir kennen die zeitliche Länge eines Tages gut, zu selten allerdings
die Effektivität, mit der wir in diesem Abschnitt tätig sind.

~

Dank Meinungsfreiheit herrscht phonetische Vorfahrt für alle.

~

Mag das Weltall auch viel größer als der Mensch sein,
es erweist sich als zu klein, um auch dessen letzte Gier zu stillen.

~

Erst erschienen die Feuerwehrleute vor Gericht,
wo der Pyromane aus eigener Reihe verurteilt wurde,
um gleich anschließend zur Auszeichnungsgala
in die Stadthalle nebenan einzurücken.

~

Der Mensch kämpft gegen Menschen,
während zwei Schritte weiter das natürliche Chaos tobt.

~

Der Optimist ist ein Pessimist, der nicht recht glauben kann,
dass tatsächlich alles schlecht polarisiert.

~

Der Unparteiische wartet ab, wer wem den Kopf einschlägt
und bezieht erst dann Position.

~

Der Beifall des Publikums zeigt Gefallen an oder geschieht aus Freude
an erfüllter Sehnsucht nach einem Ende der Veranstaltung.

~

Alle hoffen auf eine Zukunft, in der es ihnen besser geht,
auch wenn selbst dann jeder Augenblick nur mit einer Tätigkeit
besetzbar und gegessen werden kann bis lediglich zur Sättigung.

~

Hochstabler (der): ein Lagerarbeiter,
der über die Erfahrung verfügt, um in der Halle platzsparend
eine maximale Anzahl an Behältnissen unterzubringen.

~

Viele sind ach so stolz auf ihre Ideen und vermögen sie doch nicht
festzuhalten und in reale Werte zu münzen.

~

Wie konnten die Alten Ägypter nur an die Existenz tausender Götter
glauben? So viel Platz ist doch da oben gar nicht.

~

Erst wählt man die erstbeste Variante und überlegt wenig später,
vor einem unbefriedigenden Ergebnis stehend,
was hätte besser gemacht werden können.

~

Verbrechen sind begangene Fehler, die zu groß sind,
um noch als solche gelten zu können.

~

Man muss Philosoph sein, um einen natürlich und offensichtlich
erscheinenden Zusammenhang ins Korsett stark subjektiv gefärbter
Überspitzung gepresst darzustellen.

~

Jeder Aphoristiker hofft, dass das, was zuletzt stirbt,
ein Gedanke ist.

~

Der Bau eines Mausoleum verschlingt Mittel,
die dem Toten nichts mehr nützen und den Lebenden verloren gehen.

~

Seine eigene Theorie verstand er zwar selbst nicht ganz,
füllte mit ihr aber mehrere gewinnabwerfende Bücher.

~

Der Irrweg führt nicht zum erhofften Ziel,
belohnt aber zwischendurch eventuell mit einer guten Aussicht.

~

Die Menschen erinnern sich mehr oder weniger
an jede empfangene Wohltat, aber sehr intensiv an jede kleine Panne
in deren Umfeld.

~

Lasse die großen Missstände so wie sie sind und erwirb stattdessen
deine Verdienste durch die Beseitigung einiger sehr kleiner;
viele, viele andere Leute tun nicht einmal das!

~

Die Reform beendet einen bestimmten gesellschaftlichen Zustand
zugunsten eines anderen, mehr ist über ihre Wirkung
noch nicht bekannt.

~

Tritt ein Kunde über die Schwelle eines Hellsehers,
weiß dieser sofort, dass er das geforderte Geld bekommt
(für welches Geschwätz auch immer).

~

Der einzelne Mensch hält für vernünftig,
was er nicht zur Kategorie blanken Unsinns rechnet.

~

Gib keinen Rat, an dem du nichts verdienen kannst.
(Ja! Anders läuft's heute nicht!)

~

Zumindest auf den Wandgemälden sehen die alten Ägypter
relativ jung und frisch aus.

~

Als C. versprach, seinen ganzen gesunden Menschenverstand
einzusetzen, war mir klar, dass er die Sache gegen den Baum fährt.

~

Guter Rat wird seit tausenden von Jahren gegeben,
doch steht die Verbesserung der Welt noch immer aus.

~

Ein Politiker, welcher nicht glaubwürdig das Volk zu belügen vermag,
versieht seinen Job nicht anders als ein Bäcker
mit zwei linken Händen.

~

Was als Bewunderung beginnt, darf nicht erst nach Jahren
in die Kristallisation eigener Ergebnisse münden.

~

Wer sein Wahlrecht nicht in Anspruch nimmt,
kann auch nichts mitgestalten. Wer wählt, gibt einem der politischen
Konzepte sein kleines, persönliches, grünes Licht.

~

Die Zunft der Maler ist sehr groß. Sie vereinigt Leute,
die Tür und Leinwand einen Anstrich geben und mit kleinem ‚h'
auch jene, die Mehl und Kaffee herstellen.
(Der eine komponierte auch!)

~

Ein Großteil der Bevölkerung verbringt seine Freizeit
mit der Erforschung des Nichts.

~

Wir steuern auf unsichere Zeiten zu – nicht nur die Kraftfahrer,
sondern auch Leute, welche auf den Bus angewiesen sind.

~

Wo kommt bloß immer der ganze Staub her? Es ist eins der ganz großen
Rätsel! Würde doch nur das Geld derart lautlos nachwachsen und
genauso herrenlos überall herumliegen!

~

Tritt man in die Fußstapfen eines Vorbildes, dann zweifelt man
irgendwann zuerst am Schrittmaß, später an der Richtung.

~

Sentenzen gewisser Persönlichkeiten lassen mich immer wieder
erschrocken innehalten. Entweder lebten diese Leute als mürrische
Zausel irgendwo abseits oder ihnen wurde tatsächlich mehrmals
im Leben ein belehrender Blick hinter die Kulissen gewährt.

~

Mancher übte sich als Jugendlicher in einer Sache
und wurde dann doch Meister in einer völlig anderen.

~

Bestrebt, einen Text sofort in die Endform zu bringen,
nimmt man ihm allen Schwung und verschluckt wichtige Passagen.
Darum habe ich mir angewöhnt, erst einmal das nackte Gerüst auf-
zuschreiben. Daher das unbeschreibliche Chaos in meinem Notizbuch,
welches jedoch ohnehin nicht für fremde Blicke gedacht ist.

~

Kommt man eines Tages zu Einsichten und fragt sich:
„Wieso wusste das der Meister damals nicht?",
dann eröffnen sich neue Horizonte.

~

Es rennt jeder Mensch beständig im Krisengebiet
der eigenen Ansichten und ungenutzten Möglichkeiten umher.

~

Suche nicht im Meer der Sentenzen, Sprüche und Aphorismen
nach widersprüchlichen Aussagen! Reihe dich in eine der dir
angenehmen Strömungen ein.

~

Als Wissen kann man unter dem Strich nur bezeichnen,
was sich jeder einzelne freiwillig aneignete, da er glaubt,
eben dieses anwenden zu können, zu müssen.

~

Macht einer seine Theorien öffentlich, wird er klassifizierbar
und gilt ab sofort als Vordenker, Ketzer oder einfach nur als Idiot.

~

Es muss schlimm sein, als Herrscher einen Wunsch äußern zu können
und nichts dafür tun zu müssen. — Die Tür geht auf,
die Lakaien tragen das Begehrte herein und verschwinden nach
der nichtssagender Geste einer tiefen Verbeugung. Für solch eine
Überlegung zeigt sich allerdings kein Oberster sensibel,
sei es nun alter oder neuer Zeit.

~

Jenseits der Grenze herrschen andere Gesetze,
bestimmen andere Gepflogenheiten den Alltag,
ist die Sprache eine andere. Gleichwohl leben Menschen dort
und das relativiert alles.

~

Niemand muss glauben, was ich schreibe, allein: Ich gebe zu bedenken.

~

Auf dem Weg von A nach B lernt der Clevere auf einem Abstecher
auch C kennen und alles andere, was ihn sonst noch interessiert.

~

Wir müssen einen Menschen bewundern, der zugibt,
einer Aufgabe nicht gewachsen zu sein, und den verachten,
welcher dieses Eingeständnis als Sprungbrett nutzt,
um sich völlig zurückzuziehen.

~

Die Erfahrungen der Kinder verdienen Beachtung,
ihre Sicht auf die Welt sollte jeden höchst nachdenklich machen.

~

In einen spannenden zeitgenössischen Film gehört
nach weit verbreiterter allgemeinen Ansicht mindestens ein Toter.
Spinnt man diese Theorie weiter, bedürfen viele Erscheinungen,
welche sich in der Gesellschaft breit machen,
eigentlich keines weiteren Kommentars.

~

Gib dich nicht dazu her, als Epigone einer Persönlichkeit
(wer oder was auch immer sie gewesen ist) dein Dasein zu fristen.

~

Vielleicht gibt es eines Tages ein Mittelchen,
nach dessen Einnahme man sich im Drogenrausch gedanklich
durch die nicht mehr vorhandenen Naturräume zu bewegen vermag
(unter Wahrnehmung fast identischer Gerüche, Farben und Bewegungen).

~

Antwortet jemand auf eine Frage mit scheinbar exotischen Argumenten,
so verstand er wohl eben die Frage, distanziert sich aber entschieden
sowohl vom zu erwartenden Antworttext als auch einer dringenden
Fortschreibung der Fragestellung.

~

Der gebildete Mensch vermag denkend zu handeln
und verweigert sich jedem modernen Stumpfsinn.

~

Wer glaubt, alles im Griff zu haben,
hält sich vielleicht nur am erstbesten fest.

~

Mit der Preisgabe verliert man eine Hoheit (und dies meist zu null,
ohne einen Geldwert benennen zu dürfen, wie das Wort suggeriert).

~

Nur durch Hydrokultur, also vom Wasser, könnte zwar kein Mensch
leben, doch treiben es einige auf die Spitze und konzentrieren sich völlig
auf den Alkoholkonsum.

~

———

Gesprochen wird meist nur von den Leuten
mit einem Brett vorm Kopf! Dabei kommen meist die zu kurz,
welche nicht alle Latten am Zaun haben.

~

Seine Kräfte kann nur optimal einsetzen, wer gleichzeitig
die am stärksten ausgeprägten Schwächen im Blick behält.

~

Nähme sich jemand an einem anderen ein Beispiel,
müsste er mit dieser Vorgabe auch nur arbeiten.

~

Es steht C. sogar im Guinnessbuch der Rekorde,
nämlich als Besitzer der längsten Bank, auf die er beständig schiebt,
was er in Zukunft erst zu erledigen gedenkt.

~

Der Mensch sollte sich weit weniger Sorgen machen,
ohne in das andere Extrem zu verfallen und blauäugig
ins Verderben zu schlittern.

~

Nach den Gesetzen der Relativitätstheorie schlagen wir Menschen
die Zeit gar nicht absolut tot, sondern eher unzureichend,
ja – teilweise, also stümperhaft.

~

Zwei, die sich anschweigen, sind ohne Worte
zu einer gemeinsamen Einsicht gelangt.

~

Die Aktie einer Sympathie verleihe ich nach dem ersten Gespräch,
einer gemeinsam geleisteten Arbeit sowie einer wahrgenommenen Tat
im Alleingang des anderen.

~

Wir Menschen nehmen uns so unheimlich wichtig,
sicher der festen Überzeugung geschuldet, allein im All zu sein.

~

„Ich habe mir Gedanken gemacht!"
„Und? Ist dabei was rausgekommen?"

~

Boxer kennen das Gefühl: Nach einer Niederlage
signalisiert der Organismus per Kopfschmerz unübersehbar,
dass man es faustdick hinter die Ohren bekommen hat.

~

Fragen beantworten sich, dem Strom der Zeit ausgesetzt, nicht selbst,
ihre Lösung erlangt höchstens exponentiell anschwellende Dringlichkeit.
Antworten verblüffen immer wieder durch die geringe Halbwertszeit
ihrer Kernaussage unter dem Einfluss anderer Erklärungen.

~

Auch und gerade wer nicht ökologisch denkt,
befindet sich des Öfteren auf dem Holzwege.

~

In der Liebe ist es nicht anders als beim Warenangebot:
So lange der Vorrat reicht!

~

Es gibt Menschen, die den Weg als Ziel betrachten, und andere,
welche lebenslang auf einem Wegenetz umherirren und zu keinem
Zeitpunkt ein konkretes „Wohin" benannten.

~

Man darf nicht auf den erträumten Zufall hoffen.
Eigene Aktivitäten vorausgesetzt, zieht jeder einen persönlich
angemessenen in seine Richtung und dieser hilft, zusammen mit den
Ergebnissen, welche Arbeit und Bestrebung einbrachten,
den gewünschten Kurs zum Ziel einzuschlagen.
So weit die Theorie!

~

Zu dumm bin ich nicht, um ein Bestimmtes zu glauben,
eher fehlt es mir an Naivität, um mich dafür empfänglich zu zeigen.

~

Entschlossen wird sich zu vielem,
doch nicht immer zur seriösen Tat.

~

Zumindest in deutschen Gefängnissen ernähren sich die Häftlinge
nicht ausschließlich von Wasser und Brot. Wie viele scheinbar freie
Menschen vorrangig in der dritten Welt schätzten sich glücklich,
stünden ihnen diese elementaren Lebensmittel
täglich zur Verfügung.

~

Manche Menschen merken zum Glück nichts,
sonst litten sie permanent unter Schmerzen.

~

… es gibt aber auch Plattformen, da macht man sich
mit hin- und hergeworfenen Äußerungen einander platt.

~

Bis wohin reicht denn die Macht des Geldes?
Doch nur bis zu den Waren, Gütern, Dienstleistungen und käuflichen
Menschen. Das ist mehr als einmal um die Welt,
kann aber nicht alles sein, was Zahlungsmittel
zu leisten vermögen.

~

Manch einer hält sich für einen Star
und weiß nicht um seine Meise.

~

Das Feindbild ist allen bekannt,
doch noch nie sah jemand auch nur einen Feind.

~

Ab morgen werde ich an mir arbeiten,
jedoch nicht vor dem Aufstehen.

~

Echter Galgenhumor verfügt über eine einzige Pointe.

~

Menschen, welche nur an sich denken, kann man nicht vorhalten,
dass sie ihr Gehirn zu wenig nutzen.

~

Viele Menschen übersehen das Glück im Leben,
welches nicht in Geld ausdrückbar.

~

Schon aus Interesse an anderen Meinungen und Ansichten
kann ich gar nicht Feind der Juden sein. Da fiel noch kein Wort
über den Menschen an sich.

~

Dank kriselnder Bildungspolitik erscheinen viele
unserer Drittklässler nicht drittklassig.

~

Die Normalen sind arm dran – sie kommen nicht
auf verrückte Ideen.

~

Der eine besitzt mehr Geld, als dem anderen jemals
Sand durch die Hände rieseln kann.

~

Ein Schuss vor den Bug, und man sollte sich
gleichermaßen ge- und betroffen fühlen.

~

Gackern hundert Hühner im Stall oder liegen hundert Eier
in der Kühlzelle? Klopft erst die Vogelgrippe an die Tür,
wird diese Frage enorm wichtig!

~

In China fällt gelegentlich ein Sack Reis um und in Deutschland
hatten wir im Oktober schon Schnee.

~

Mit der letzten Ehre wird der Verstorbene
zwar nicht selig gesprochen, wohl aber sein Lebensstil geadelt.

~

Sage mir nicht, über welches Thema sich das Schreiben lohnt,
nimm es selbst in die Hand!

~

Das Fußballspiel konnte gewonnen werden,
da alle Spieler mit Hand anlegten.

~

Mit welchem Argument soll ich mich in den Mittelpunkt stellen?
Am Rande komme ich doch viel besser zur Geltung!

~

Es kann schlecht einlenken,
wer nicht in die Parklücke zu fahren vermag.

~

Je intensiver der Mensch das Banale von sich weist,
desto mehr Inhalt kann er in sein Leben packen.

~

Kritiker haben keinerlei Ahnung von künstlerischer Aussage.
Sie vertreten lediglich ihre Meinung.

~

Niemand muss mir einen Spruch zuschreiben.
Was sich in meinen Büchern findet, ist definitiv aus eigener Feder.

~

Einige Dinge mögen ja hoch angebunden sein,
aber wenn sie niemand erreicht, hat keiner was gekonnt.

~

Das leidige Problem mit der Kommasetzung!
Schon Goethe äußerte sich dazu und ich denke, man kann getrost
– sprich: ruhigen Gewissens – seine Meinung teilen.

~

Wer sich anpasst und anschließend nicht mehr er selbst ist,
muss als versklavt gelten.

~

39

Die Bestrafung darf als antiquierte Erziehungsform gelten.
Vorleben muss man als Reaktion und den Delinquenten
ins allgemeingültige Fahrwasser hinein verpflichten.

~

Um in eine fremde Welt einzutauchen,
muss man keineswegs verreisen.

~

Vor Jahren soll jemand 10.000 Sprüche in einem Jahr erdacht und
aufgeschrieben haben! Dagegen ist vom Prinzip her nichts einzuwenden.
Wo aber (und vor allem wem!) erbrachte diese Masse Text
einen Nutzen? Das war nicht zu eruieren!

~

Sagt einer: „Ich bin zu alt dafür!", erwidere:
„Der Jüngste bist du zwar nicht mehr, aber warum solltest du
wofür zu alt sein?!"

~

„Er hat Vorschläge gemacht", meinte Brecht und konnte auf zahlreiche
Vorgänger verweisen. Gut sechzig Jahre nach Brechts Tod türmen sich
die Vorschläge seiner Schüler und Epigonen, und selbst wenn sich
immer wieder Leute finden, die Ideen aufgreifen oder verwirklichen:
die effektive Quote muss schlicht und ergreifend
als miserabel bezeichnet werden. Leider!

~

Durch Nutzung der Muttersprache kommunizieren und dabei dennoch
mit eigenen Worten sprechen – darin besteht die Kunst.

~

Ich gebe die Frage an meine Zipperlein weiter und sie sagen mir:
„Nein, auch du bist nicht unsterblich!"

~

Wo Rechte und Pflichten unbekannt,
herrscht nichts anderes als der Tod.

~

Bewerfen sich zwei Streithähne mit Büchern,
so liefern sie sich auch ein Wortgefecht.

~

Alles entspringt und vergeht unter dem Einfluss
von Zeit und Raum. Dennoch kann man nicht davon ausgehen,
dass sich beide zuletzt selbst verschlucken.

~

In alten Texten wurden Antworten entdeckt und die zugehörige Frage
erst in der Neuzeit gefunden.

~

Es verloren bereits Leute ihr Gesicht,
nur weil sie per Phantombild entlarvt wurden.

~

Kommt die Erbtante zu Besuch, hilft alles nichts:
Wir müssen uns freuen.

~

Sie sieht unheimlich frisch aus! Kaum zu glauben,
dass sie ziemlich verdorben sein soll.

~

Gehört das Denken eigentlich zum Tun? Nun, so einfach ist die Frage
nicht, denn manche tun ja nicht mal das!

~

Menschen, welche über eine lange Leitung verfügen,
neigen unter Stress zu Kurzschlussreaktionen.

~

Das Hirn
gönnt sich gelegentliche Pausen,
die Seele nicht

~

Er behauptet keine Schwächen zu haben,
doch als Starken können wir ihn auch nicht gelten lassen.

~

———

Unzufrieden mit der Gegenwart,
hofft so mancher auf die Zukunft und wird – dort angelangt –
enttäuscht feststellen, dass es auch wieder nur Gegenwart ist.

~

Wer über entsprechende Mittel verfügt, kann es sich leisten,
sie bescheiden einzusetzen, während ein Mensch, welcher Monat
für Monat mit Mühe über die Runden kommt, alle sich bietenden
Möglichkeiten nutzen muss, um sich ein Geringes zu erarbeiten,
nicht als gierig gelten darf.

~

Was genau kann man an einem anderen Menschen nicht leiden?
Wie stehen wir selbst zu dieser Eigenschaft?

~

Dem Politikverdrossenen geht alles Gesellschaftliche
glatt am Arsch vorbei. Er gehört mit Sicherheit zum Personenkreis derer,
welche nichts anderes tun, als Tag für Tag über den Staat
zu schimpfen.

~

Es hört C. nicht auf, permanent über die Politiker zu schimpfen
und zu wettern, doch selbst zu kandidieren und nach dem Wahlerfolg
alles besser zu machen – das will er auch nicht.

~

Seine Phantasie könnte Stoff für dutzende Bücher und Filme liefern
und in Wirklichkeit stolpert er recht und schlecht
durch das eigene Leben.

~

Man kann die Schnauze gestrichen voll haben – entweder geschuldet
den Ereignissen oder gefüllt mit gutem Essen.

~

Seit wir wissen, dass die Zeit für uns arbeitet,
fallen die Pausen etwas länger aus.

~

———

Bevor die Bäume in den Himmel wachsen konnten,
wurden sie abgesägt.

~

Wer lässt sich nicht gern positiv überraschen;
natürlich vom Geldsegen und gelegentlich auch von Menschen ...

~

Auf der Flucht befindlich, gibt man Fersengeld,
wer aber nimmt Fersengeld? Da fällt mir nur der Fußpfleger ein.

~

In einer Überflussgesellschaft besteht die Gefahr,
dass eines Tages das Fass überläuft.

~

Viele unserer Schwächen verwuchsen derart innig
mit dem Persönlichen, dass eine Unterscheidung von wirklichen Stärken
praktisch unmöglich erscheint.

~

Goethe sah es voraus: der Mensch ist edel – so wie der Sachwert,
nach dem er strebt; er ist hilfreich, da er sich stets zu helfen weiß,
wenn es um viel Geld geht, und gut – das ist er auch.
Auf halbem Wege zum großen Reichtum weiß er bereits,
dass alles zum eigenen Besten geschieht.

~

Der innere Schweinehund weiß um alle Argumente,
welche gegen ihn verwendet werden können.

~

Tausendmal gesehen, doch schaue ich immer wieder gern hin,
wenn ein Zug vorüberfährt.

~

Ich freue mich immer wieder neu auf den Winter:
Er lässt mich nicht kalt!

~

Kaum ist die Erschaffung der Welt abgeschlossen,
macht sich der Mensch daran, sie zu demontieren.

~

Manchmal tut man einem Menschen etwas Gutes an
und er weiß es nicht zu handhaben!

~

Geht man zu weit in sich,
könnte dies die Flucht in eine Art Autismus bedeuten.

~

Es gibt Menschen, die liegen uns am Herzen, und andere,
die liegen uns auf der Tasche.

~

Hören die Menschen von neuen Innovationen,
freuen sie sich primär im Stillen auf die zukünftigen Angebote
erweiterter Konsummöglichkeiten.

~

Manch einer tut sich schwer mit jeglicher Handhabung;
kein Wunder, weiß doch bei ihm die Rechte nicht,
was die Linke tut.

~

Es kennen viele den Weg zum Ziel nicht, wissen jedoch genau,
wo sie Steine für andere platzieren müssen.

~

Manch einer ist nicht zu übersehen,
allein schon durch die Stimmgewalt.

~

Genuss kann sich eigentlich nur
an den Umsatz kleinster Mengen binden.

~

Der Gierige genießt maßlos und das tatsächlich ohne jegliche Reue.

~

Die Last des Alters ist unsichtbar,
vermutlich besteht auch sie aus dunkler Materie.

~

Die Interpretation eines Liedes gelingt nur,
wenn alle Menschen im Chor zur Darbietung einer Meinung sind.

~

Das ganze Leben mit sonntäglichem Gemüt zu verbringen und nie
eine Aufgabe an sich heran zu lassen – es wäre nicht meins.

~

Auf Begeisterung, welche einem spontanen Gedanken entspringt
(dem allerdings nicht die Zeit zur Weiterentwicklung eingeräumt wird),
kann man wohl nervenschonend verzichten.

~

Auch ich bringe nicht alle Leute auf eine Seite.
Selbst nach Beendigung des dritten Buches sah ich mich kaum
einen Schritt vorwärts gekommen.

~

Wer durch Selbstzwang alles ruhig angeht,
glaubt sich genug aufgebürdet zu haben.

~

Selbst in Form von Filmaufnahmen wirkt der Krieg
höchst bedrohlich, befremdend und verstörend, doch müssen wir uns
damit auseinandersetzen, um elementar zu verstehen.

~

Der Mensch zeigt ein Höchstmaß an Phantasie im Bestreben,
die passende Ausrede zu kreieren.

~

Das Sammeln von Ideen steht natürlich an primärer Stelle,
doch kommt der anschließenden Selektion ein veredelnder,
höchst notwendiger Stellenwert zu.

~

Bei Denkmalenthüllungen fühlt man sich gelegentlich peinlich
berührt und kann sich der Wahrnehmung gewisser Diskrepanzen nicht
entziehen. Offen tritt eine Kluft zu Tage zwischen der Sache,
an die erinnert werden soll, und dem vom Künstler
tatsächlich Geschaffenem.

~

Wer auf einem Sockel steht, bekommt viel mehr vom Regen ab.

~

Über Cs Umgang mit Werkzeugen lässt sich
nichts Schlechtes sagen, weiß er doch keins zu handhaben.

~

Natürlich gibt es auch Ängste gegenüber dem Neuen,
doch sollten sie möglichst im Schatten der Erwartungshaltung bleiben.

~

Wer sich für einen Krieg ausspricht,
möchte ihn doch keineswegs auf seinem Grundstück führen.

~

Nicht umsonst heißt es: „Gut Ding braucht Weile!"
Nach Abschluss aller Bauarbeiten empfängt uns demnach
ein vergoldeter Berliner Flughafen, welcher umgeben ist
von paradiesischem Flair.

~

Nicht nur den von Adipositas Betroffenen erwartet ein dickes Ende.

~

Nach reiflicher Überlegung bleibe ich bei meinem natürlichen Ich
und verzichte auf alle Zusätze, die mir das anbietet,
was gerade in ist.

~

Wir geben uns gegenseitig immerfort Rätsel auf, auch wenn diese
als solche weder formuliert und ausgewiesen sind.

~

———

Stellt der Mensch wirklich die Krone der Schöpfung dar?
Er steht wohl eher auf einem der vielen Berggipfel,
von denen keiner je vermessen wurde.

~

Der auf morgen verschobenen Nächstenliebe
wird eine Passage angefügt, die so gar nicht gemeint ist.

~

Frische Brötchen gehen weg wie warme Semmeln.

~

Wer sich den anderen wohlgesonnen zeigt, muss noch lange
kein wirkliches Interesse an deren Wohl haben.

~

Das Überdenken neuer Argumente weckt in mir sowohl Hunger
als auch Appetit auf mehr.

~

Permanenter Augenschmaus kann nicht existieren.
Schon nach kurzer Zeit nähme der Betrachter
nur noch blasse Farben wahr.

~

Der eine sieht das Problem auf sich zukommen,
der andere bereitet sich einzig auf ein Ausweichen vor.

~

Auch schwarze Seelen sind nicht hohl, sondern mit Tinte gefüllt.

~

Das Altern bindet sich nicht ausschließlich
an eine Vielzahl gelebter Jahre. Ein jeder kennt senil erscheinende,
doch an sich juvenile Leute.

~

Ganz sicher existieren selbst im Weltall Provisorien,
welche schon seit Milliarden Jahren funktionieren.

~

Die Tomaten auf den Augen der Leute
entstammen nie einem ökologischem Anbau.

~

Erstaunlich, dass sich zu längst anerkannten Sachverhalten immer
wieder Besserwisser mit haarsträubenden Argumenten äußern.

~

Logischerweise binden sich Generationskonflikte an das Vorhandensein
von Leuten auf Etagen einer Bevölkerungspyramide.

~

Da die Entwicklung von hochwertigem Panzerglas weit fortschritt,
ist es heute möglich, einen Randalierer der Therapie wegen in ein
komplett daraus gefertigtes Gebäude zu setzen, zusammen mit einem
Eimer voll Steine, ohne dass irgendein Schaden daraus erwüchse.

~

Sind wir allein im All? Andererseits steht ein jeder Erdenbürger autark
seinen Problemen gegenüber.

~

Wer nie genug bekommt, überschritt bereits vor vielen Jahren
eine Grenze, d. h., diese Person kann ihren Besitz längst nicht mehr
überblicken beziehungsweise handhaben.

~

Der Psychiater mag als Virenscanner des Menschengeistes fungieren,
manchmal reicht jedoch schon ein guter Freund,
welcher einfach zuzuhören vermag.

~

Nicht jeder weiß, dass bei jeder beliebigen Zusammenkunft
die Eröffnung des kalten Büfetts einen weiteren Kernpunkt
der Diskussion einläutet.

~

Anderen kann ich problemlos aufs Maul schauen,
doch um einen Blick aufs eigene zu erhaschen,
muss ich den Spiegel befragen.

~

Die früher im Glashaus saßen und randalierten,
sind mittlerweile alle therapiert und recyclen heute hauptberuflich
Flaschen aus Plastik.

~

Ich kann C. einfach nicht für voll nehmen,
nahm ich ihn doch schon mehrfach in solchem Zustande wahr.

~

Der Blick ins Weltall offenbart: Nicht alles dreht sich ums Geld!

~

Die meisten Reinfälle kommen ohne Rhein aus und ereignen sich
auch nicht in Schaffhausen.

~

Trotz Klimawandel und mildem Winter versuchen sich Esel
nach wie vor auf dem Eis.

~

Es gibt Leute, die machen sich mit sicherem Gespür rar,
besonders und gerade, wenn es um Arbeit geht.

~

Dem Menschen reicht die Stille nicht aus.
Er füllt sie mit Selbstgesprächen.

~

Völlig linientreu agieren nicht einmal die Verfechter und Anhänger
von wissenschaftlichen oder religiösen Theorien.

~

Niemand vermag in einem beliebigen Fach zu rebellieren und kann
auf den Schlaf des dortigen selbst ernannten Sittenwächters zählen.

~

Mit vollem Ernst auf dem Weg zum Ziel unterwegs,
bemerkt man hinter sich Leute, welche in Ermangelung eigener Pläne
einfach kurzerhand mitlaufen.

~

So lange sie sich nicht begehrend oder hilfesuchend zu Wort melden,
lassen wir freilich alle Menschen als Brüder gelten.

~

Wer hart an der Überzeugung von Menschen arbeitet,
rekrutiert in Wirklichkeit lediglich gedankenlose Mitläufer.

~

Früher dachte man, die Erde sei eine Scheibe.
Heute wissen wir, dass gewisse Mitbürger eine solche haben.

~

Bei aller Wahrheitsliebe möchte man gar nicht wissen,
wie viele Leute sich (aus welchem Grunde auch immer)
von Amts wegen zurück nehmen müssen und genötigt sind,
ihr Wissen hinterm Berg zu halten.

~

Nicht an einem scheinbaren Können sollst du mich messen,
sondern an der Vollendung der Einzelaufgabe.

~

Man lässt sich auf eine Sache ein, sieht nur das Fachliche und scheitert
wenig später, den Rahmenbedingungen nicht gewachsen.

~

Alle wollen reich werden,
aber nicht jedem geht es um Geld.

Man notiert einen Fakt, da er wichtig sein könnte,
und verwirft ihn später, nicht weil er aus einer Laune heraus plötzlich
bedeutungslos wurde, sondern da man in Fortsetzung des Lern- und
Denkprozesses einige Zeit später besser
um die Zusammenhänge weiß.

~

Für gewisse Leute ist der eigene Standpunkt
nicht mehr als ein bequemer Ruheplatz.

~

Anderen Leuten kann man nur dann den Spiegel vorhalten,
wenn ein zurückliegender Selbstversuch ausreichend lehrreiche
Ergebnisse brachte.

~

Als lehrreich darf man kein Ergebnis anerkennen,
welches aus Nichts besteht, sich also reich an Leere präsentiert.

~

Es soll sogar Leute geben, welche als Epigonen
eine Biographie nachleben.

~

Die Menschen beten vergebens!
Gott wandte sich schon vor längerer Zeit enttäuscht ab
und ist somit auch nicht mehr zuständig.

~

Der Inhalt von Geschwätz erweist sich niemals als vielsagend.

~

Das Einerlei monotonen Alltags dürfte der Geschichte angehören,
dennoch versuchen sich viele an neuartigen Herausforderungen
mit altem Trott.

~

Ein einziges Komma kam neu in den Text und gleich
muss das Dokument neu gespeichert werden – so entscheidend
wirken sich Kleinigkeiten aus.

~

Wer zu lange die Karten mischt, denkt (sich) nichts dabei.

~

Richtig ableiten? Schön und gut,
aber dann beginnt das Jonglieren mit den einzelnen Komponenten.

~

Auf einen guten Freund ist immer Verlass,
er ist sozusagen eine sichere Bank. Von welchem Kreditinstitut kann
dies heute noch behauptet werden?

~

———

51

Die kleinen grünen Männchen
zeigen nur noch an der Fußgängerampel Präsenz.

~

Früher zeigten sich die Menschen weit stärker zivil couragiert präsent.
Dies gehört heute weitgehend zum Präteritum.

~

Morgen fährt C. in den Urlaub. Wohin? Das hab ich vergessen!
Irgendwohin: World weit weg.

~

Alle Naturschützer unter 1,60 m Körpermaß
zählen zu den kleinen grünen Männchen.

~

Reichtum wird nie zur Last!
Niemand muss seine Millionen permanent
im Container mitführen.

~

Denkt man über die Gemeinsamkeiten
von Menschen und Primzahlen nach, scheint schwierig,
welche Interessengruppe gegenüberstehen soll.

~

Wenn endlich zwei Menschen schweigen,
schreien drei andere plötzlich umso lauter.

~

Das Buch des Jahres wurde gleich mehrfach plagiiert,
Band II erscheint im Original jedoch erst nächstes Jahr.

~

Niemand muss sein Menschsein per Urkunde nachweisen:
Denken und Tun beglaubigen alles!

~

Ganz egal, um was es geht; der Mensch interessiert sich primär
für die Nebenwirkungen.

~

Manchem hätte es vielleicht besser getan,
wäre er nicht auf den Kopf gefallen und statt dessen
anderen in die Hände.

~

Es schauten viele Menschen bei mir vorbei, wäre ich bereit,
ihnen das Vertrauen zu schenken (zusammen mit einem Scheck).

~

Was man sich nicht antun will,
ist bei anderen sicher viel besser aufgehoben.

~

Wer mit allen Wassern gewaschen ist,
der hat Erfahrungen mit jeder Brühe.

~

Selbst zwei, die sich blind verstehen,
bekommen im Dunkeln Schwierigkeiten.

~

All jene, die sich zu den einigen wenigen zählen,
wissen nichts über die enorm vielen.

~

Der Beichtstuhl ist out, heute sitzt man im Fernsehsessel
und schaut zu, wie andere völlig naiv ihre intimsten Geheimnisse
ausplaudern, sich (ohne es zu merken) in unmöglichen Situationen
bis auf die Knochen blamieren oder entblößen und sogar selbst
regelrecht zerfleischen.

~

Das Spiel mit dem Feuer ist nicht den Pyromanen vorbehalten.

~

Immer wieder werden Leute panisch, verlieren die Nerven,
wenn auch nicht alle, aber man sieht sehr deutlich,
dass ihnen etwas fehlt.

~

———

Der Minister drohte mit Rücktritt,
ein Faustschlag hätte jedoch völlig ausgereicht.

~

Natürlich fällt die Orientierung leichter, wenn Aphorismen thematisch
geordnet sind! In welche Kategorie soll man aber eine Aussage
einordnen, in deren Mittelpunkt eine Frau steht, welche beabsichtigt,
in die Stadt zu fahren, um ihren leeren Kleiderschrank zu füllen,
jedoch den Bus verpasst, sich ins Café setzt,
dort eine alte Schulfreundin trifft und …

~

Als Kleidermotte hat man es heutzutage schwer:
Alles, was die Menschen anziehen, schmeckt nicht mehr,
und selbst Schwager Holzwurm macht einen Bogen
um die Ikeamöbel.

~

Es kann ja jeder für sich denken, handeln müsste er für alle.

~

Es gibt Kammerjäger, welche sich ausschließlich
mit Frauen beschäftigen.

~

Andersdenkende mögen ihre Überlegungen in exotische Bahnen lenken,
doch unterstellen ihnen die Mitmenschen oft viel zu voreilig,
dass es einem generellen Bestreben zugrunde liegt,
Schaden anzurichten.

~

Der einzelne Mensch kann gar nicht anders,
als Entwicklungen mitzutragen und sollte keine Träne an die
Überlegung verschwenden, dass tatsächliche Freiheit illusorisch ist.

~

Der Computer erleichtert uns viele Arbeiten,
das Denken nimmt er uns keineswegs ab. Nicht jeder Mensch scheint
sich dessen bewusst zu sein!

~

Wer sich zu sehr an die Annahme einer übergeordneten Verknüpfung von Zeit und Geld bindet, steht im Falle einer plötzlich ausbrechenden Inflation völlig hilf-, meinungs- und orientierungslos da.

~

Die SED nahm ein ganzes Volk ins Gebet und glaubte sich andererseits völlig distanziert von jeglicher Religion.

~

Außer den Brüdern Grimm fallen mir keine weiteren Personen ein, welche sich fernab der Politik mit Märchen beschäftig(t)en.

~

Nicht jeder, der um seine Feinde weiß, kennt auch deren Denken.

~

Kein einziger politischer Steuermann
begann seine Karriere einst auf einem Schiff.

~

Nur wer als Robinson auf einer Insel lebt, sollte sich gelegentlich selbst loben: nicht der Erhaltung eines Narzissmus wegen, sondern um das Interesse am eigenen Überleben nicht zu verlieren.

~

Der Kannibale schreckte nicht davor, die kalten Füße seines Opfers zu verzehren, essen wir doch auch gelegentlich Eisbein.

~

Bekanntermaßen lässt die Wegwerfgesellschaft
auch Menschen fallen.

~

Früher fanden die Kleiderschädlinge in den Schränken nicht genug Futter, da die Leute nur wenig Bekleidung besaßen. Heute ist die Situation eine völlig andere, doch kaum noch ein Stück Stoff für die Tierchen verdaulich.

~

Niemand kann sich jahrelange darauf festlegen,
er sei für eine Sache zu jung.

~

Das Personal der Gerüchteküche quatscht mit ausgewählten Menschen,
spricht jedoch niemals zur ganzen Welt.

~

Es erkennt jeder eine Vielzahl von Wahrheiten an, behält sich aber
in einer ganzen Reihe von Fällen den permanenten Verbleib einer
persönlich angebrachten Fußnote vor.

~

Praktisch jeder kann seine geistigen Ergüsse drucken lassen
und niemand darf sich erdreisten, in einem fremden Text zu streichen.

~

Niemand möchte hören, wie etwas nicht zu machen sei; in ein Comedy-
Format verpackt, erreicht es als Lachnummer einer Belehrung fast alle.

~

Den Glückspilz,
welcher einen mit Milliarden Euro gefüllten Container entdeckt,
macht der Finderlohn zum Millionär.

~

Mit der Wissenschaft ist es so eine Sache wie mit Jeglichem,
was weit mehr als nur schnöde Sache.

~

Früher traf man dank etwas Glück zwei Fliegen mit einer Klappe,
im günstigsten Falle sieben auf einen Streich. — Heute beendet
einmaliges Versprühen von Insektizid großräumig
jegliches Gesumme und Gezirpe.

~

Gerade Leute, welche – von außen betrachtet – bis zum Halse
im Glück stecken, fühlen sich durch ein undefiniertes Etwas
von allen Seiten bedrängt.

~

Der Komiker muss in seinem Programm viele Körner auswerfen;
die einzelnen Pointen füllen jeweils nur den Augenblick.

~

An Tagen mit gehäuften Sonderangeboten
in den Läden der Einkaufsmeile wäre es schon besser,
wenn auch für Frauen Stallpflicht bestünde.

~

Wer fehlende Zeit beklagt, teilt eben nicht mit,
womit er die ihm zur Verfügung stehende füllt.

~

Es sprechen Menschen warm aus ihrem Herzen,
oder aber Verachtung quillt aus ihrer schwarzen Seele.

~

Vor seinen Problemen kann niemand weglaufen,
sondern trägt sie im unsichtbaren Rucksack mit.

~

Das abschreckende Beispiel begegnet uns in allen Varianten:
als grausame Tat, als ausgesprochene Beleidigung wie auch
als gedrucktes Wort.

~

Natürlich arbeite ich auch daran,
meinem Geduldsfaden mehr Reißfestigkeit zu verleihen.

~

Der Mensch ist in der glücklichen Lage, weit mehr Situationen
zu überdenken, als er in seine Lebensspanne zu packen vermag.
Kaum zu glauben, dass nicht wenige Personen auf diese Möglichkeit
fast gänzlich verzichten.

~

Befinden sich Leute mitten im Regenwald auf dem Holzweg,
dann lediglich des Geldes wegen.

~

Schnell rechts ran! Gleich kommt einer, der ist zu allem fähig!

~

Man muss offen für das Kommende sein,
ohne sich dem Gewesenen zu verschließen.

~

Alle reden von den Werten der Freiheit, lassen sich jedoch bereitwillig
von den Angeboten der Konsumgesellschaft in Nischen und Richtungen
dirigieren, welche gar nicht zum Wesen ihrer Person passen.

~

Nein nein, er sündigt nicht, sondern erforscht lediglich
die Vielfalt von Varianten.

~

Kommentieren die Leute eine raffinierte Ausrede
mit herzlichem Lachen, erteilen sie einem Tun den Segen
auf Fortsetzung.

~

Ein Mensch bleibt Mensch, trotz aller erworbenen Titel oder Millionen.
Oft weiß er's selbst nicht!

~

„Da war doch mal was?" Alle, denen es gelingt,
sich von genau dieser Frage zu lösen, geben Vorurteilen in Zukunft
keine Chance mehr.

~

Es zeigt gezielt Schwächen, wer an bestimmter Stelle
die anderen alle Arbeit verrichten lässt.

~

Plötzlich zum Brillenträger geworden,
sehen nicht wenige Menschen über Nacht viel intelligenter aus.

~

Die Zukunft stellt sich generell pünktlich ein.
Mit Verspätungen ist nur dort zu rechnen, wo Menschen
auf eine ganz bestimmte warten.

~

Früher hatte man Säcke vor den Türen zwecks Minimierung der Zugluft,
heute stellt man die gelben Säcke vor die Tür
und auch der Zweck ist ein anderer.

~

Von welchem Argument geleitet, schwängerte der Pessimist eine
Optimistin? Mit welchen Gedanken beträte das entstandene Kind zum
ersten Mal seinen Kindergarten? Wer weiß! Ich selbst stehe in genannten
Fällen nicht als Zeugender bzw. Zeuge zur Verfügung.

~

Es gibt Hinweise darauf, dass Leute existieren,
welche den Kürzeren zogen und dennoch länger lebten.

~

Auch auf Seiten der Gewinner existiert eine unüberschaubare Anzahl
von Verlierern des Krieges.

~

Aus ihm wurde nicht das, was alle voraussagten,
aber immerhin jenes, was er heute ist.

~

Der unerfüllt gebliebene Jugendtraum wandelt sich im Laufe
der Jahrzehnte zur verbitterten Sehnsucht.

~

Die TV-Serien zeigen uns Helden, welche an Beschränktheit kaum
zu übertreffen sind, doch auch wenn wir uns höherwertiger glauben,
müssen wir die Steigerung in sorgfältig gewählter Richtung suchen.

~

Bei wankelmütigen Fans vermag eine Persönlichkeit mit perfekt
gespielter Bescheidenheit entscheidend zu punkten.

~

In Vorbereitung des Lutherjahres setzt man sich im Rahmen
von Veranstaltungen intensiv auch mit dem Judenhass des
Reformators auseinander. Was soll das? Es wird diskutiert über
Ansichten, welche vor 500 Jahren geäußert wurden und nicht
in der aufgeklärten Zeit von 1938!

~

Äußerst selten gewinnt man im realen Leben zu null.

~

Der lauschige Moment,
welcher mit dem Ende eigener Jungfräulichkeit einhergeht,
sollte nicht primär von Verlustängsten geprägt sein.

~

Es dürften die wenigsten als das gelten,
was ihre Kritiker über sie in Stein meißeln.

~

Wer käuflich ist, hat eine genaue Vorstellung davon,
welche Geldmenge auf den Tisch gelegt werden muss,
damit er die gewünschte Aktivität entwickelt.

~

Jahrzehnte nach dem Tod der Eltern sollte man nicht mehr darüber
nachdenken oder gar darüber reden, dass sie an irgendetwas
Schuld sind.

~

Nostalgie (die): Früher war nicht alles besser,
jedoch anders und vor allem so, wie es war,
damit es heute anders sein kann.

~

Wir dürfen die Leute nicht enttäuschen,
welche vor hundert Jahren lebten und – ohne uns zu kennen –
an unser erfolgreiches Wirken glaubten.

~

Weder bin ich Gott noch unfehlbar,
doch sag das denen mal, die ihre Kritik darauf bauen.

~

Den hochprozentigen Alkohol kann ich entbehren.
Mich durchströmen die Ideen und wärmen mein Gemüt
als druckfertige Zeile.

~

Der einen menschlichen Leber stehen viele Flaschen
Versuchung gegenüber.

~

Wird man falsch verstanden, so kann man sich nicht freuen
über den Kult, welchen fehlgeleitete Pseudojünger missbräuchlich
und fahrlässig installieren.

~

Eine wahrgenommene Information
kann durchaus Halbwahrheit oder Lüge sein.

~

Auch wenn man um ein Vielfaches stärker als der andere ist –
die Menschlichkeit muss siegen!

~

Es gibt Tage im Leben, die muss man streichen,
oder sie wirken verzehrend.

~

Wer nichts fachlich zu sagen hat, behält sich vor,
wenigstens unqualifiziert dazwischenzureden.

~

Manche Leute ziehen ein Gesicht, als sei das ganze Jahr über
Sauregurkenzeit.

~

Im Normalfall bekommt man Antworten auf Fragen,
welche nie jemand stellte, und von diesen ausgehend,
muss man sein Handeln gestalten.

~

Noch ist die Zeit meines Daseins nicht abgelaufen
und an das Dortsein denke ich mit keiner Silbe.

~

Komischerweise empfindet keiner der Begüterten
seinen Reichtum als Belastung.

~

Nicht nur sämtliche Galaxien, auch die Menschen entfernen sich
zunehmend voneinander.

~

Leider gibt es nicht wenige Menschen, welche vordergründig
mit Hintergedanken arbeiten.

~

Wer auf bessere Zeiten wartet, verharrt und tüftelt keineswegs
an irgendeiner Verbesserung.

~

Lobt einer zur Winterzeit etwas über alle Maßen,
tut er es dann über nicht vorhandenen Klee.

~

Kommt ein Mädchen in die Pubertät,
so legt es fast über Nacht die Puppe beiseite.

~

Was ist geschehen? Wie kann das sein?
Weit und breit keine Wüste und dennoch Sand im Getriebe.

~

Gespenster schauen nicht in den Spiegel,
sie erschrecken sich höchstens vor Menschen.

~

Wir können davon ausgehen, dass Fritz Schmidt
weniger Freunde hat, als sie Jack Daniel's vorweisen kann.

~

Wer um die Ecke denkt,
verwendet die Joker des gekrümmten Raumes.

~

Es existiert kein einziges Argument, welches gegen das Leben spricht;
jegliche Faktoren, die sich mit aller Macht hineindrängen wollen,
gilt es allerdings akribisch zu selektieren.

~

Der Nichtdenkende nimmt den Aphorismus lediglich
als gewöhnlichen Satz wahr.

~

Erwarte keinen Dank für deinen Beitrag,
sondern genieße das menschliche und fachliche Miteinander.

~

Wenn wir ehrlich sind, müssen wir zugeben, dass sich der Überfluss
fast nur aus Überflüssigem zusammensetzt.

~

Es ist nie zu spät, sich von der Lüge abzuwenden.
Mit den Nachwirkungen hat man allerdings noch lange zu kämpfen.

~

Es wird ja keiner ein zweites Mal geboren,
nur weil er noch einmal von vorn anfängt.

~

Auch wenn alle den Mund halten sollen,
welche fachlich nichts beizusteuern vermögen, redet garantiert
ein Viertel der Leute weiter.

~

Finden wir uns einfach damit ab, dass die Menschen höchst verschieden
sind und konzentrieren uns schnörkellos auf das wirklich Wesentliche.

~

Glücklich zu leben bedeutet nicht, dass alle Annehmlichkeiten ständig
in greifbarer Nähe sind.

~

Viele bedenken nicht, dass sich zwischen den Inseln des Glücks
Gewässer befinden, in denen sich die Haie tummeln.

~

Ständig und permanent vom Glück umgeben,
bestünde für den Menschen keine Notwendigkeit mehr,
nach Lösungen zu suchen.

~

Nicht auszuschließen, dass der gesunde Menschenverstand
in dreißig Jahren fast gänzlich aus Dummheit besteht.

~

Das Nebensächliche schiebt sich dermaßen schillernd und aufgeblasen
maskiert in die erste Reihe, dass es von tatsächlichen Notwendigkeiten
kaum mehr unterscheidbar ist.

~

Selbstkritik (die): Jemand geht hart mit sich ins Gericht
und wird ab sofort mehr für den eigenen Gelderwerb und -zuwachs tun.

~

Wer auf einer Matratze liegend mit dem Strom schwimmt,
überlässt sich völlig dem Selbstlauf.

~

Wer mit der Zeit geht, schafft es doch nicht,
zur Unendlichkeit zu gelangen.

~

Die Zeit bleibt stets dieselbe, doch splittet sich das Geld auf
in eine Vielzahl kurzlebiger Zahlungsmittel.

~

Kaum ein Mensch überlässt sich heute noch dem Selbstlauf,
fahren doch die meisten mit dem Auto.

~

Mein Geduldsfaden ist solide und reißfest.
Du kannst an ihm ziehen, doch dran nagen solltest du nicht.

~

Selbst wenn das Wasser noch so heilkräftig ist – es muss mir nicht
permanent bis zum Halse stehen.

~

Die Betriebstemperatur bezeichnet eine Zustandsgröße,
bei dessen Erreichen viele weiterhin verharren.

~

Die Vergangenheitsbewältigung erweist sich als dermaßen vielschichtig
dimensionierte Aufgabe, dass ihr Abschluss
niemals zu erwarten ist.

~

———

Erstaunlich, dass die Leute im Himmel bei Unwetter
nicht wieder herabpurzeln.

~

Immerhin reicht die Kenntnis der Leute so weit, dass sie um die
Existenz der gesammelten Werke von Klassikern wissen.

~

So oder so sind die Veröffentlichungen im Netz
ungeheuer lehrreich. Man sollte sich allerdings nicht dazu herablassen,
als universelle Reaktion Kommentare zu schreiben.

~

Das Überleben der Menschheit entscheidet sich
unterhalb der Gürtellinie ihrer Individuen.

~

Auch Aphoristiker könnten uns nicht sagen, ob die Verwirklichung
aller Aphorismen die Welt lebenswerter gestalten würde.

~

Mehr durch Medienkampagnen als den Beifall der Massen
werden Menschen zu Stars.

~

Den Beginn der Ewigkeit haben wir Menschen verpasst
und das Ende kommt lange nach uns.

~

Wir können es einfach nicht positiv sehen und ohne Vorbehalte glauben,
dass bei Menschen, denen alles zuzutrauen ist,
ein Problem in besten Händen liegt.

~

Ich bin der Mann am Klavier und weiß nicht,
wer der Kerl ist, der die Noten versteckte.

~

Reicht das Wasser im Taufbecken nicht, hilft nur der Griff
zur Schnapsflasche.

~

———

Jeder trägt lediglich die eigene Haut zu Markte,
kann aber auch vermarkten, was eigentlich dem Nachbarn gehört.

~

Nachdem der Bock zum Gärtner gemacht wurde,
öffnet er das Tor und lässt die ganze Herde auf das Grünzeug los.

~

Glücklich verheiratet ist,
wer noch nicht alle heimlichen Träume abhakte.

~

Man nennt es Zeitvertreiben und jagt gerade jene nicht weg,
mit denen dies am besten praktizierbar ist.

~

Jeder gute Gastwirt erkennt sie, jene Leute, welche hereintreten,
obwohl sie weder Hunger noch Durst plagt.

~

Was mit einer Neigung in der Jugend anfängt, dynamisiert sich im
Laufe der Zeit manchmal derart, dass es den mittlerweile erwachsenen
Menschen in katastrophale Schräglage bringt.

~

In dem Maße, wie sich ein Mensch zunehmend der Bequemlichkeit
hingibt, verliert er jegliche Sensibilität für den Bedarf
an fortwährender Problembewältigung.

~

Schweigsame Menschen passen nicht so recht
in die Gerüchteküche Dorf.

~

Der erfahrene Orthopäde diagnostiziert bei seinem Patienten
einen Haltungsschaden, vermag aber nicht ohne Weiteres festzustellen,
wie die Person finanziell dasteht.

~

Zum Glück währt die Nachtruhe lediglich acht Stunden!
Länger könnten die Frauen auch nicht schweigen.

~

Nicht jeder, der die Wahrheit anerkennt, lässt sie auch uneingeschränkt
an sich heran bzw. in seinem Dunstkreis wirken.

~

Die allgemeine Gedankenlosigkeit nimmt nur
jener Personenkreis wahr, der sie ohnehin nicht kultiviert.

~

Geht es um Fettnäpfchen, liegt die Trefferquote stets
sehr viel höher als beim Lottospiel.

~

Vertrauen kann nur wachsen, wenn dessen Keim auf fruchtbaren Boden
fällt und auch gegossen wird. Mit dem Boden ist allerdings nicht der
vom leeren Bierglas gemeint und mit dem Begießen
nicht der Schnaps dazwischen.

~

Nur den Fossiliensammlern, den Gärtnern und Bauern
fiele im Traum ein, für erworbene Koprolithen
auch noch Geld zu bezahlen.

~

Der Mensch verkennt des Öfteren eine Situation und glaubt dennoch
fest daran, Erkenntnis erworben zu haben.

~

Nächstes Jahr werden wir alle noch dieselben sein,
doch der Zeitgeist ein völlig anderer.

~

Wer nicht denken mag, führt eben ein Selbstgespräch und bekommt
auf dieser Schiene die Fortdauer der eigenen Existenz mit.

~

Meist hängt daheim weit mehr schief als nur der Haussegen.

~

Viele messen ausschließlich an ihrer finanziellen Situation,
ob sie besser oder schlechter dastehen als noch vor einem Jahr.

~

An der besonnenen Abwicklung eines in Ruhe geknüpften
Handlungsfadens zur Lösung einer Krisensituation erkennt man,
ob ein Mensch wirklich mitten im Leben steht.

~

Tatsächlich ähnelt die Wahrheit einer dünnen Membran:
sie ist berührbar, aber nicht reißfest.

~

Mit jeder falschen Handlung schadet sich eine Person selbst,
ebenso mit ungepflegtem Aussehen.

~

Nicht nur der Persilverwender weiß, was er hat.
Alle sind sich manch Fehlendem bewusst und würden dieses
auch gern in Besitz nehmen.

~

Ein fauler Fisch, platziert im Briefkasten eines Konkurrenten,
sagt mehr aus als tausend direkt an ihn gerichtete Worte.

~

Wer in der Gegenwart scheitert, kann sich nicht hoffnungsvoll
zurücklehnen und einfach glauben, dass allein die eigene Bewegung
in Richtung Zukunft die Erfolgsquote zu verbessern vermag.

~

Glücklich kann sich schätzen, wer über ein die wandfüllendes
Bücherregal verfügt. Diese muss er nie tapezieren.

~

Vielleicht gibt es tatsächlich Menschen, welche keine Fehler machen,
sondern stattdessen gleich Verbrechen begehen.

~

Damals war noch alles möglich, aber wir hatten keine Chance,
an die Möglichkeiten heranzukommen.

~

Steht man finanziell schlecht da, kommt alles zum Erliegen.

~

Es soll ja jeder seine Meinung kundtun, aber doch bitte nicht
im Dienste anderer oder zu Ungunsten Dritter.

~

Man scheut sich, eine Anzahl gewisser eigener Erfahrungen mitzuteilen,
aus Sorge, andere könnten vermuten, man habe nicht tiefgründig genug
gelebt und gehandelt.

~

Was heißt denn Irrtum? Es wählte ein Mensch lediglich
die weniger effektive Variante.

~

Natürlich liebe ich meine Feinde, nehme mir allerdings auch noch
ausreichend Zeit für andere Herausforderungen.

~

Früher glänzten die Persönlichkeiten in weiter Ferne,
heute bringt sie uns der Fernseher in Farbe nahe.

~

Wer zu Lebzeiten schon ein Denkmal bekommt,
setzt sich entweder sofort zur Ruhe oder vollbringt weitere Heldentaten,
welche zu einem späteren Zeitpunkt die Aufstellung eines zweiten
Obelisken notwendig machen.

~

Nach dem Tod einer Persönlichkeit tut die Nachwelt so,
als begänne nun erst die Zeit, in der man aus deren Werk lernen kann.

~

Einer Internetseite, auf der die Lebensdaten von vor mittlerweile
fünf Jahren verstorbenen Menschen noch nicht korrigiert wurden,
kann man nicht trauen.

~

Seit ich um glaubwürdige Berichte von Insidern weiß,
die Prominente abseits von Kamera und Rampenlicht live erlebten,
bin ich vorsichtiger bei der Vergabe jeglicher Sympathie
ohne eigene Kenntnis der Person.

~

Über reale Faktoren kann nur diskutieren,
wer alle wirkenden Konstanten mit einbezieht.

~

Wer zu hohe Forderungen stellt, läuft bekanntlich Gefahr,
in allen Punkten seiner Liste leer auszugehen.

~

Das Myzel der Rahmenbedingungen bildet seinen Hauptknoten
im Mittelpunkt der Sache aus.

~

Bekanntlich gebietet sich Sparsamkeit betreffs Dosis und Verwendung
bei vielen Faktoren. Nach meinem Empfinden gehört der Lärm
unbedingt dazu.

~

Aus jedem noch so gut durchdachtem Konzept
ist die Komponente Abenteuer nicht zu eliminieren.

~

Jeder Mensch sucht gelegentlich die Stille und Einsamkeit,
um seine Gedanken zu ordnen und Kraft zu tanken, keineswegs,
um sich von der Gemeinschaft abzuwenden.

~

Wer sich zurechtlegt, wie er auf diese und jene Variante reagiert,
wird gewiss mit Version B einer Untervariante überrascht.

~

Die DDR war eine Bananenrepublik!
Nur so gelang das Jonglieren mit den wenigen Güter und Ressourcen.
Andererseits – sie war es nicht, existierten in diesem Land doch
die Bananen meist nur als leere Menge.

~

Warum sollte man im Internet veröffentlichte Sprüche und Aphorismen
bewerten? Die Macher wollen lediglich Informationen über das Denken
des einzelnen sammeln und auf die Masse hochrechnen. Sie scheren sich
nicht um den Lerneffekt und mögliche Anwendungen.

~

Die Bedeutung des Morgens wird zuweilen völlig überschätzt.
Es geht lediglich die Sonne auf und der Mensch steigt aus seinem Bett,
zumeist ohne Konzept für die Zeit bis zum Abend.

~

Ich selbst bezeichne als Hingabe zur Sache,
was die Gläubigen Gott nennen.

~

Man kann es als Abhängigkeit bezeichnen
oder sich als Glied einer Kette sehen.

~

Niemand muss alle Pfade gehen! Es genügt zu wissen,
dass es viele Wege zu allen Zielen gibt.

~

Jeder, der dabei ist, folgt dem Ruf seines Gurus;
Leute, welche mittendrin sind, tun es aus eigener Überzeugung.

~

Es wäre doch eine interessante Theorie, anzunehmen,
das sogenannte Schicksal begrenze sich auf das Wirken all jener
Faktoren, mit deren Hilfe Menschen ins Leben anderer Menschen
einzugreifen vermögen.

~

Natürlich hat alles seine Grenze, doch gerade dahinter
wird gewöhnlich der Zugang zum großen Geld vermutet.

~

Früher vertraute man darauf, dass es die anderen richten,
und ist heute überzeugt, dass es die Maschinen in den Fabriken tun
und die Computer alles Logistische abwickeln.

~

Der Mensch kann wahrscheinlich gar nicht anders,
als seine Gesellschaft reformieren zu wollen und doch nur
ein Plus an Bürokratie hineinzupacken.

~

———

Abseits stehen – das kennt der Normalbürger heute nur noch
vom Fußballspieler.

~

Man möchte die Lügen von Politik und Wirtschaft
gar nicht aufgedeckt sehen. Sicher bräche dem Normalbürger
das kümmerliche Resthäufchen an Wahrheit und Perspektive
das Herz.

~

Nichtdenkende Menschen geben zu denken,
weil sie es selbst nicht tun.

~

Es verzehren sich Leute fast vor Unzufriedenheit und haben doch
keinerlei Vorstellung, wie ihre Zufriedenheit aussehen könnte
beziehungsweise auf welchem Wege sie dort hingelangen.

~

Es ist wirklich arm dran, wer nichts anderes zu tun hat,
als sich um seine Reichtümer zu kümmern.

~

Jeder Baum der Erkenntnis sollte für alle da sein
und sich die gesamte Menschheit als Waldbesitzer verstehen.

~

Der scharfe Wind des Alltags peitscht uns ins Gesicht.
Hier existiert kein schönes Wetter.

~

Manchmal liegt schwer im Magen, was an sich gar nicht essbar ist.

~

Auch die schlimmste Wahrheit muss als solche anerkannt werden,
ja, sie gehört dazu!

~

Was früher als Peinlichkeit oder gar Katastrophe galt,
lässt sich heute vielleicht vermarkten.

~

Eines der unangenehmen Zeichen der Zeit – das Klingeln
des Weckers.

~

Jedes Leben gliedert sich – wenn man so will – in mehrere Akte,
doch darf es niemals ein bloßes Bühnenstück sein.

~

Die moderne Kunst verzichtet zunehmend auf die Darstellung
der makroskopischen Umwelt und beschäftigt sich stattdessen
mit der Abbildung von Modellen der Quantenphysik.

~

Stets wird die Zeit für etwas reif,
selbst jedoch verbleibt sie in ewig selbem Zustande.

~

Es lässt heute auch das Fahrrad stehen, wer den Schnee von gestern
nicht nutzt, um ein letztes Mal Wintersport zu treiben.

~

Das sind mir die Richtigen: Keinen Sport treiben,
aber bei den anderen Sachen ganz vorn dran.

~

Ich schaue am liebsten in fossilführende Abgründe
und mein Herz schlägt gleich viel höher.

~

Wer seinen Posten abgeben will, sieht sich nach einem Jüngeren um;
Jünger sind zu diesem Zeitpunkt schon reichlich vorhanden.

~

Viel zu selten ist man sich all der Menschen bewusst,
von denen man Kenntnisse vermittelt bekam und letztlich auf den
rechten Weg geschickt wurde. Das Potential von Selbstfindung sowie
Autodidaktik wird gar zu oft überschätzt.

~

Am günstigsten – man lobt den Tag erst am nächsten Morgen,
nachdem man die durchlebten Ereignisse überschlief.

~

Es hat C. im Herbst und Winter nichts anderes zu tun,
als über das Wetter zu schimpfen; besser wäre es,
er würde diese Zeit verschlafen.

~

Großspurig behauptet er, dass früher alles besser war,
doch kann ich mich nicht erinnern, ihn damals irgendwo
mitwirkend gesehen zu haben.

~

Der Mensch sieht sich als Krone der Schöpfung,
und was er gelegentlich tut, ist die Krönung, sprich: der Gipfel.

~

Jeder hat es halt woanders:
mancher am Kopf und gewisse Sportler im Urin.

~

Alles wird gut und bestimmt vorrangig das, was keiner braucht.

~

Keinesfalls wird irgendwann eine Zeit kommen, in der dem Menschen
nicht nur alles Notwendige, sondern auch jegliches Gewünschte ohne
Einschränkung zur Verfügung steht und er erst dann glücklich und
zufrieden zu leben in der Lage sein.

~

Keines Menschen Fleisch erweist sich als derart zäh,
dass er tausend Jahre im Fegefeuer schmoren müsste.

~

Bestrebt, sich mit fremden Federn zu schmücken,
eignet sich der Übereifrige mit Hingabe
einige gravierende Fehler an.

~

„Alles wird gut!", so sagt man, auch wenn keiner genau weiß,
was konkret dieses „alles" umfasst.

~

Nach dem Erscheinen der allgemein bekannten Zuspätkommenden sind
wir vollzählig und können anfangen.

~

Die Führung muss verrückt sein:
Zwei Tage vor Beginn der Fußball-WM plant sie eine Revolution.

~

Gelangen Fehlinterpretationen in die richtige Hand,
wird ein neuer Wissenschaftszweig draus.

~

Zu einer vorhandenen Erfahrung oder Erkenntnis lässt sich
immer ein Quäntchen anfügen, selbst wenn jemand
ein weiteres Negativbeispiel zelebriert.

~

Zu Weihnachten kommt beim kultivierten Kannibalen
„Akademiker in Rahmsoße" auf den Mittagstisch.

~

Sich etwas Neues anzueignen und dennoch zu behaupten,
derselbe geblieben zu sein, ist unmöglich.

~

„Auf solche Gedanken käme doch kein Mensch!"
Freilich, die eine oder andere Person kommt darauf, steht sie doch
mit dem üblichen Denken auf Kriegsfuß.

~

Alle Menschen haben reine Absichten,
nur sind eben manche rein egoistischer Natur.

~

Es wird immer so bleiben, dass die Gesellschaft verbesserungswürdig
und der Mensch sich zu Kritik und Distanzierung genötigt sieht.
Dies ändert sich nicht bis zum Ende der Zivilisation und darf
keineswegs als permanenter Krisenzustand gelten.

~

Persönlich neige ich zu der Überzeugung,
dass die Zeit vorbei sein sollte, wo Menschen das Unerklärliche
voreingenommen Gott nennen.

~

Die Pyromanen beten Prometheus heute noch dafür an,
dass er für sie bei den Göttern das Feuer stahl.

~

Gar nicht so wenige zeigen sich offen für eine Sache und verschließen
ihre Tür dennoch vor anderen Menschen.

~

Es können nicht zwei einer Meinung sein, maximal schauen sie
gemeinsam in die gleiche fachliche Richtung.

~

Viele, die sich für klug halten,
probieren sich dennoch nicht an sich selbst aus.

~

Ein bestimmter Mensch übernimmt, ausgestattet mit der notwendigen
Kenntnis, die zu erfüllende Aufgabe, wird aber dennoch nicht
als Gott gehandelt.

~

Frieden mit der Vergangenheit schließen und offen sein für die
Herausforderungen der Zukunft – anders kann Leben und Handeln
nicht möglich sein.

~

Es unternimmt jemand eine weite Reise zu einem einzigen Zwecke:
Er möchte die Argumente der wohlgesinnten Menschen in einer anderen
Kultur kennenlernen. Alles andere ist ihm bereits überreichlich
aus heimischen Gefilden bekannt.

~

Gut und Böse liegen immer näher beieinander;
scheinbar verquickt der Mensch mit seinem Tun überaus erfolgreich
Himmel und Hölle.

~

Man kommt als Deutscher mit Vertretern anderer Völker zusammen und ist immer wieder froh, nicht fälschlich von vornherein mit einer Gesinnung in Verbindung gebracht zu werden, welche lange schon besiegt, aber dennoch allgegenwärtig ist.

~

Natürlich brachte die Zukunft viele neue Techniken und spürbare Erleichterungen, allerdings auch einen Zuwachs an Bürokratie sowie Produkte, die eigentlich verzichtbar sind.

~

Jedem Problem, welches später gelöst werden soll,
kommt man in der Zukunft ganz sicher mit neuen Verfahren
und Techniken besser bei, doch besteht die Gefahr,
dass die gewonnene Erklärung
nicht mehr gebraucht wird.

~

Weihnachten (das): Fest der Liebe zum Einzelhandel.

~

Wer nach immer neuem Besitz strebt, wird sich mit einem bloßen Ablegen des frisch Erworbenen begnügen, anstatt sich damit zu beschäftigen und dadurch die eigene Persönlichkeit neu zu profilieren.

~

Es verfügt über Weitsicht, wer von seinem Küchenfenster aus die Ereignisse im Dorf beobachten kann.

~

An einem Wahrsager, der mit seinem Auto verunglückt, muss man mehr als nur zweifeln.

~

Erforschte der Mensch lediglich die vorhandenen Realitäten, verschlösse er sich zahlreichen Seiten und Dimensionen.

~

Wer sich der Herausforderung nicht stellt, sondern die Arena verlässt,
muss nicht unbedingt feige sein sein, sondern kennt die Undankbarkeit
der Welt in ihren zahlreichen Facetten.

~

Die Exoten sterben nicht aus, welche ihr Weltbild
zwischen zwei anerkannten Thesen platzieren.

~

Gleichgültigkeit und Gelassenheit werden als ein Ding angesehen und
darin besteht der Krebsschaden, welcher sich in vielfach ausgeprägter
Zurückhaltung manifestiert.

~

Groß kann der Selbsterhaltungstrieb der Menschen nicht sein, geht seine
Wirksamkeit mit steigendem Abstand zur Haut der Einzelperson doch
schlagartig gegen null.

~

Dostojewski meint, dass der Umgang mit Kindern
die Seele gesunden lässt. Trotzdem bin ich froh, in heutiger Zeit
nicht Lehrer sein zu müssen.

~

Über Nebengassen gelangen wir – ohne es zu merken – auf Wege,
die wir nie gehen wollten und erfreuen uns
am vermeintlich persönlichen Kurs.

~

Nicht jeder, der sich intensiv beteiligt, kennt die Probleme
oder ist in der Lage, eine Lösung zu formulieren.

~

Das Leben ist schon lebenswert, wenn auch gebunden an eine Welt,
welche sich niemals zum Paradies zu entwickeln vermag.

~

Ich sehe was, was du nicht siehst – schau nicht auf dieses Elend!

~

Wer ausschließlich nach bequemem Leben strebt, wird es zu nichts
bringen; wer Tätigkeit an Neugier knüpft, wird alles erlangen.

~

Die Zukunft wird uns keine Geschenke offerieren! Lediglich das
Potential, welches wir Menschen an Erfahrungen und Einsichten, Plänen
und Gedanken, Kraft sowie Mut aus der Vergangenheit mitbringen,
kann sich bei Fortsetzung eines vernünftigen Geschehens effektiv
auf die Gemeinschaft auswirken.

~

Nein – ich greife nicht zu den Waffen, sondern ziele lieber
gleich mit Worten auf die Köpfe der Menschen.

~

Pazifist sein – eine löbliche Entscheidung!
So lange Frieden herrscht, mag das auch in Ordnung gehen,
doch sobald es zum Krieg kommt, kann sich auch ein Pazifist
von höchster Überzeugung in einer Situation befinden, die ihm um
des nackten eigenen Überlebens willen eine furchtbare Entscheidung
abverlangt. — Nicht nur der Pazifis, niemand
kann solche Szenen wollen.

~

Im Bestreben, sich die Natur untertan zu machen,
steht der Mensch bald ohne Untertanen da.

~

Der Fortbestand des Elend der Dritten Welt garantiert uns,
dass wir auch morgen keinen Mangel leiden.

~

Wahrheit, Gerechtigkeit, Friede, Wohlstand und Glück:
Die kennen sich nur von Hörensagen.

~

Der Erste schlachtet das fetteste Schwein,
der Letzte wird von der wütenden Rotte gebissen.

~

Nicht nur Kinder können in den Brunnen fallen, ganze Länder, sprich:
die gesamte Welt.

In der Menschenwelt werden die großen Fische beständig größer
und selbige im Meer deshalb immer seltener.

~

Alles werde ich nicht ansprechen können, vieles mir verborgen bleiben;
ein Maximum gilt es zu erstreben, wenn auch gar manches
fern des Kerns getroffen wird.

~

Es sollte bei jeder Grablegung der betreffende Mensch
mit der Wiedergabe eigener Worten und dem Extrakt
der gleichgesinnten Welt verabschiedet werden.

~

Das Bekämpfen von Windmühlen war gestern;
nicht einmal dieser Mühe unterzieht sich heutzutage noch jemand!

Der Betrunkene kehrt zurück zu seinen Anfängen
und beschränkt sich aufs Lallen.

~

Zuweilen lässt sich der Normalbürger von den karitativen Gesten der
Besitzenden einlullen und weiß nicht um die Vielfalt
einer Absetzbarkeit von der Steuer.

~

Würde sich jeder auf das soziale Netz verlassen,
wäre der Staat finanziell leergefischt.

~

Nichts vermag den Kohl fett zu machen, doch ein Kohl existiert,
welcher als Ausnahme die Regel bestätigt.

~

Die Karawane zieht weiter und am Horizont sehe ich
schon die nächste auftauchen.

~

Den Schluck aus der Feldflasche verbindet man zu leicht
mit der Anwesenheit von Soldaten im Gelände, doch weit gefehlt!
An den Bauern sollten wir denken, welcher eine Pause einlegt,
damit beschäftigt, die Welt zu ernähren.

~

Geht der Spitzel in Rente,
vergeht ihm Hören und Sehen dennoch nicht.

~

Noch nie hörte ich von einem auf der Müllkippe oder im Ghetto
gedrehten Heimatfilm.

~

Vor zwei Stunden stand uns das Wasser noch bis zum Hals.
Nun bewegen wir uns mit ihm auf Augenhöhe.

~

Anklagepunkte gibt es genug, nun müssen wir nur noch
einen Schuldigen festlegen!

~

Alle Menschen werden Brüder! Das schließt auch die Schwestern mit ein,
auch wenn ihnen etwas fehlt und sie deshalb nicht
zu den Brüdern gehören.

~

Seit ich die Batterien in meinem Nachtlämpchen wechselte,
sind unverhoffte Ideen gleich viel greller.

~

Selbst und gerade die Leute, welche es zu enormen Reichtum brachten,
fühlen sich in Sachen Geld entschieden zu kurz gekommen.

~

Wir sind alle keine siebzehn mehr, eher gerade mal Ü30.

~

Es hatte C. des Nachts eine zündende Idee! Seine Frau nutzte
die unverhoffte Lichtquelle und huschte schnell mal aufs Klo.

~

Dem gedeuteten Wort der Götter folgend, bewegten unsere Vorfahren
riesige Steine. Erst viel später schalteten sich andere Menschen
dazwischen mit dem dringenden Bedürfnis,
eine Genehmigung zu verlangen.

~

Momente, in denen man kläglich scheiterte, dürfen nicht aus dem
Gedächtnis gestrichen werden. Ganz im Gegenteil – gerade sie liefern
wertvolle Erfahrungen.

~

Das Glück soll man nicht herausfordern, weder überstrapazieren noch
verachten.

~

Ehe man rufen kann: „Du wirst doch wohl nicht …?!“,
da hat er schon!

~

Frisst jemand alles stupide in sich hinein,
hängt ihm eines Tages jegliches zum Halse heraus.

~

Es bezeichnen doch alle das als gesunden Menschenverstand,
mit dem sie geistig ausgestattet.

~

Menschen, die im Wege stehen, müssen nicht unbedingt böswillig
handeln und diesen versperren wollen. Es kann sich um Entmutigte
handeln, welche einfach am Punkt verharren und die Bahn
für andere als Warnung nicht freiräumen.

~

Es kann einem schlecht werden, wird man Zeuge des Geschehens,
wenn es Menschen zu gut geht.

~

Vermag eine Person brillante Reden zu halten und kein Produkt
herzustellen, so sollten wir daraus nicht schlussfolgern,
dass zuweilen die Theorie höher anzusetzen ist als die Praxis.

~

Der Sport ist nur noch als solcher zu bezeichnen,
da die Akteure damals wie heute Trikots tragen.

~

Selbst viele der angeblich Denkenden, welche auch perfekt zu lesen
und schreiben in der Lage sind, rechnen nicht ernsthaft damit,
dass sich die Zeichen der Zeit tatsächlich zu Ungunsten
der Menschen verschieben können.

~

Ist der Grill erst einmal auf Betriebstemperatur,
dann geht es auf ihm um die Wurst.

~

Er soll nur noch ein Schatten seiner selbst sein!
Dazu kann ich nichts sagen, in Unkenntnis der Zeit,
wo er groß rauskam!

~

Irgendwann ist Schluss mit lustig und es wird nicht mehr gefragt,
wer ohnehin nicht zu verstehen ist.

~

Zusammenhänge nennt man Verkettungen von Faktoren
und verlässt sich viel zu sehr darauf, dass sie für immer
in dieser Verbindung zur Verfügung stehen.

~

Das waren noch Zeiten,
als man dem Gegner die Keule aufbrummte.

~

Dass es beständig nur ums Geld geht,
kann nicht der natürliche Lauf der Dinge sein.

~

Das neue Buch lässt auf sich warten, man macht sich Sorgen
um den Lieblingsautor; Produkte werden vermarktet und Menschen
eher vermarktelt.

~

Jawohl, es gibt sie – die Menschen mit doppeltem Boden.

~

Jeder kennt mit Sicherheit einen dieser Menschen,
welcher mit Sicherheit das Denken nicht erfand.

~

Selbst im Sommer, wenn keine Mütze von Nöten ist,
fällt auf, dass einige daneben laufen.

~

Schweigen kann in einem Haus, Stadion oder Saal
angemahnt werden, Stille jedoch bindet sich nach meinem Empfinden
an Zustände in natürlicher Umgebung.

~

Es kommt der Tag der Abrechnung,
ohne dass ein Kellner erscheint oder jemand eine Inventur ansetzt.

~

Der Mantel des Schweigens existiert in allen denkbaren
und schier unmöglichen Größen.

~

Zahlreiche Missstände sind mir vertraut,
doch vertraue ich keineswegs darauf, dass der Welt
auch nur ein einziger für immer erhalten bleibt.

~

Der Hammer fällt – Pause! Denken bleibt dennoch erlaubt.

~

Sie hat ihren Körper, er das Geld,
und so lange das bestehen bleibt und der Deal gilt,
gibt jeder dem anderen davon ab.

~

Wird der Mensch hinfällig, fällt es ihm schwer,
periodisch über den Partner herzufallen.

~

Ließe sich ab sofort niemand mehr für dumm verkaufen,
bräche der marktwirtschaftliche Handel schlagartig zusammen.

~

Bei unserer nächsten Zusammenkunft singen wir gemeinsam
die Lieder von damals, versprochen, aber das ist noch Zukunftsmusik!

~

Alle Leute gehen gelegentlich in sich,
aber nicht jeder findet dort etwas.

~

Bewegt sich ein Gerücht durch den Ort,
ist dessen Echo nie ein gutes.

~

An den neuen Zahnersatz muss er sich erst noch gewöhnen.
Momentan versteht er sein Gerede selbst nicht.

~

Gedankenaustausch muss nicht zwingend heißen,
dass mindestens zwei Personen ihre Erfahrungen voreinander
ausbreiten. Meist werfen sie sich lediglich Meinungen
an den Kopf.

~

Nicht alle Menschen besitzen ein immerfort warmes Herz,
einigen kocht permanent die Galle über.

~

Wer weiß schon, wie viele Menschen ihr Brot mit der Bekämpfung
des Hungers in den Krisengebieten verdienen?!

~

Vor der Grenzöffnung waren die Möglichkeiten schlichtweg begrenzt,
das Weite zu suchen.

~

C. kennt die Probleme, welche Jesus damals hatte,
auch wenn bei ihm statt zwölf Jünger lediglich
drei Stammtischfreunde sitzen.

~

Kein Schwätzer vermag seine Aussage auf den Punkt zu bringen;
einen endgültigen zu setzen kann und will er aber auch nicht.

~

Tu dir nichts Gutes, welches für andere ein Schlechtes bringt!

~

Nicht immer kann die Wohnadresse als der Ort gelten,
an der sich ein Mensch ohne Einschränkung wohlfühlt.

~

Mit dem größten Unfug beschäftigen wir uns ausgiebig
und stempeln wichtige Argumente zu einem solchen ab.

~

Ihre Zahl nimmt beständig zu – die jener Menschen,
welche mit mehr Glück als Verstand gesegnet sind.

~

Im Leben geht so vieles ins Auge,
ohne dass von den Auswirkungen ein Betroffener blind wird
(jedoch auch nur ein geringer Anteil sehend).

~

Alte Fragen im neuen Kleid: Das geübte Auge
erkennt den Schwindel sofort!

~

Es geht darum, die Zeichen der Zeit zu erkennen,
aber er erweist sich in dieser Hinsicht als Legastheniker.

~

Nicht immer kommt es bei Umsetzung von Streitkultur
nicht zum Einsatz von Fäusten.

~

Ein gelegentlicher Wechsel der Lichtquellen
in einer stets hell beleuchteten Wohnung darf heutzutage bereits
als ausreichendes Lebenszeichen des Bewohners gelten.

~

Es umarmt ein Mensch mit Hintergedanken
lieber einen Mitbürger mehr als einen zu wenig und täuscht so
grenzenlose Nächstenliebe vor. Schließlich weiß man nie,
wen man mal braucht, sich also langfristig warmhalten muss.

~

Er ärgert sich lautstark und öffentlich über Fehlschläge,
im Glauben, damit seien diese ausreichend mit Kommentar belegt.

~

Gäbe es den Seitensprung nicht, wären schon weit mehr Menschen
von Autos überfahren worden.

~

Man kann von Narzissten halten, was man will,
doch darf als bewundernswert gelten, wie sie lebenslang
an ihrer großen Liebe festhalten.

~

Nachdem das Geld abgeschafft wurde und aller Zahlungsverkehr
ausschließlich mit Plastikkarte abzuwickeln ist, gehen die Banker
auch nicht verantwortungsbewusster mit den ihnen anvertrauten
Finanzmitteln um.

~

Große Veränderungen stehen ins Haus, aber clever wie wir sind,
lassen wir die Hintertür offen.

~

Bezogen auf den Menschen, verfügt auch die Zeit
über eine Doppelnatur – läuft sie doch ab und ihm
gleichzeitig davon.

~

Es hilft den Menschen, wer Steine in den verschlammten Weg legt.

~

Politiker sind schon arme Schweine, haben sie doch Einsicht
in jene Akten, welche belegen, dass die Aussicht düster ist.

~

Entdeckt man ein Haar im Fertiggericht, kann man seine Kritik immer
noch auf die Beschäftigten der Lebensmittelindustrie fokussieren.

~

Letztens war zu lesen, dass sich Kermit und Miss Piggy
nach 40-jähriger Beziehung getrennt haben. Schlimmere Ereignisse
gab es an jenem Tag zum Glück nicht.

~

Geht ein intensiver Streit in die nächste Runde,
ist es eben eine ausgeprägte Meinungsverschiedenheit,
welche Leute erfolgreich bei Laune hält.

~

Lediglich das berühmte Brett vorm Kopf erinnert noch
an die den Wald bewohnenden Vorfahren des Menschen.

~

Nicht auszuschließen, dass ein Investor große Flächen aufkauft
und die darin befindlichen Berge versetzen lässt, nur um diese
ganz für sich allein zu haben.

~

Heute, wo die notwendige Technik existiert, versetzt niemand mehr
Berge mit Hilfe von Hacke, Schaufel und Schubkappe
und schon gar nicht persönlich.

~

Gefährlich wird es erst dann,
wenn Strohköpfe und geistige Brandstifter zusammenkommen.

~

Der Mensch muss zwingend zur Einsicht gelangen
und darf nicht glauben, mit einer kurzen Draufsicht sei es getan.

~

Manchmal muss man sich berechtigterweise distanzieren,
wie oft aber kann einer den anderen von vornherein nicht leiden.

~

Wer seine Ersparnisse zählt, macht sich,
falls in großer Menge vorhanden, beim Berühren der vielen Scheine
die Hände schmutzig.

~

Es stürzten sich am Ende schon viele vom Hochhausdach
und wollten doch ursprünglich hoch hinaus.

~

Es mühen sich Leute ab, die etwas bewegen wollen, und andere strengen
sich nicht minder an, bestrebt, dagegen zu arbeiten.

~

Es gibt in Venedig tatsächlich einige wenige Straßen.
Die Einwohner bewegen sich also nicht nur per Boot allein.

~

Zumindest die Politiker werden für ihre billigen Ausreden
gut bezahlt.

~

Aberglaube darf nicht so weit gehen, dass Eltern ihr 13. Kind verstoßen.

~

Eigentlich dürfte die billige Ausrede immer noch mehr wert sein
als das leere Versprechen.

~

Die Leistungsgesellschaft verlangt den Menschen immer mehr ab:
schneller und besser sollen sie arbeiten und stets alles richtig machen,
jedoch – Leute, welche sich an nichts halten und gleichgültig durchs
Leben bewegen, kommen auch über die Zeit.

~

Als der Euro eingeführt wurde, keimte in mir die Hoffnung auf,
dass guter Rat ab sofort vielleicht etwas billiger wird. Denkste!

~

Manche tun so, als läge stets ein vernünftiger Grund vor
und für andere gilt jeder, hinter dem sie sich verstecken können,
als ein solcher.

~

Ob sie nun hin- oder wegschauen; Hauptsache,
die Leute gehen mit offenen Augen durch die Welt.

~

Es gibt Leute, die wahren scheinbar in jeder Lebenslage ihr Gesicht,
andere macht ihr schönes Gesicht offenkundig zur Ware.

~

Da sich irgendwo Worte und Emotionen voneinander trennen,
kann manches nicht phonetisch mitgeteilt, sondern muss praktisch
rübergebracht werden.

~

Schwerter zu Pflugscharen – ein guter Gedanke!
Was aber machen wir mit jenen Leuten, die mit beliebiger Gerätschaft
nicht umgehen können?

~

Wer den Kopf in den Sand steckt, sollte auch den Rest des Körpers
ausreichend vor der Sonne schützen.

~

Oft tun wir etwas und wissen sehr wohl, wohin das führt,
wollen allerdings nicht glauben, wie es schlimmstenfalls enden kann.

~

Wer mit Geld nicht umgehen kann, läuft Gefahr,
daran einzugehen.

~

Müsste ab sofort jeder seine Sünden beichten,
wären einige Leute für den Rest ihres Lebens beschäftigt.

~

Es soll jeder Mensch aus einem anderem Holz geschnitzt sein.
Jetzt wissen wir auch, warum bei einigen der Wurm drin ist.

~

Treffen sich Leute zur rechten Zeit am rechten Ort,
planen sie sicher einen Aufmarsch.

~

Seit er sich mit dieser Frau einließ, versucht er an anderen
seine Launen auszulassen.

~

Wer neue Wege geht, kann sich nicht einmal auf das GPS verlassen.

~

Schuld sind immer die anderen, jedoch namentlich
wird nie einer bekannt.

~

Problemen, welche uns die Galle überlaufen lassen, d. h. permanent an
die Nieren gehen, müssen wir durch beherztes Anpacken Beine machen.
Statt sich Zuständen hirnlos auszuliefern, welche immer und immer
wieder auf den Magen schlagen, sollte jeder sein persönliches Glück
formen (ohne den Rachen voll genug zu bekommen) und verhindern,
dass ihm eine Laus über die Leber läuft! Damit wäre wohl bewiesen,
dass in jedem von uns ein kleiner Pathologe steckt.

~

Ohne einen Sack voll Geld im Gepäck braucht sich das Glück
bei C. gar nicht blicken zu lassen.

~

Ich glaube nicht, dass sich ab einem bestimmten Tag
alle Ereignisse in völliger Harmonie zu- und miteinander bewegen
und das Personal der Gerüchteküche mit leeren Händen dasteht.

~

Ohne viel Worte gleich die Faust sprechen zu lassen,
macht alles nur schlimmer.

~

Wanderwege sind in der Regel ausgeschildert,
aber auch durch den Verpackungsmüll markiert.

~

Wer über das Ziel hinaus schießt,
kann sich immer noch mit 110 Prozent herausreden.

~

Die Herausbildung des aufrechten Ganges
machte zuerst den Gebrauch von Werkzeugen möglich
und sehr viel später die Entwicklung der Ellenbogenmentalität.

~

Ein armseliges Leben führt, wer nur höheren Wohlstand
als Glückszustand zu akzeptieren bereit ist.

~

Auf vielfältige Weise wachsen Menschen zusammen und gemeinsam.

~

Leider verstehen sich die Menschen vorrangig phonetisch
und nur selten tiefgründig geistig.

~

Meist greifen wir eine Möglichkeit heraus und gefallen uns
im Glauben, die ideale gewählt zu haben.

~

Es fehlt gewissen Leuten das Gewissen und noch einiges mehr.

~

Ein lange Geplantes kann sich als handwerklicher Unsinn erweisen,
obwohl von Seiten der Wissenschaft alle Formeln stimmig sind.

~

Aus Liebe zur Wahrheit kann kein vernünftiger Mensch lügen.

~

Würden die wirklichen Fachleute fünfzig Prozent mehr leisten,
wären die Produkte der Plagiatoren auch nicht besser.

~

Auch der Egoist verteidigt ein Stück Menschenliebe
und Herzlichkeit.

~

Die Menschen beklagen die Kürze des Lebens und würden sich
in fünfzig möglichen weiteren Jahren der Existenz auch nur
konsumorientiert verhalten.

~

Von all den prognostizierten Szenarien lasse ich mich nicht beirren; eine
Zukunft wird es geben und ich kann nicht mehr tun,
als meine eigene bescheidene Aktie beizusteuern.

~

Die Natur beinhaltet die Urform, ja, alle hauptsächlichen Argumente der
Ästhetik! Wenn jeder das begriffe, erübrigte sich jeder Appell
an das umweltverträgliche Tun.

~

Die Fehltritte und Irrtümer der Prominenten bezeichnet man
in konservierter Form ganz einfach als Anekdoten.

~

Heute hat es einfach, wer die Welt umarmen will:
Er loggt sich ein und los geht es.

~

Vielleicht gibt es sie, die intelligenten Fehler,
um die der eine den anderen beneidet; er hätte sie zu gern
selbst begangen.

~

Nutzte man das Potential, welches beim Beneiden von wirklichen
Könnern verschwendet wird, gelänge eine Annäherung
um wenigstens zwei bis drei Prozentpunkte.

~

Es sollte zu denken geben, dass manch Klassiker
keine vierzig Jahre lebte und seine modernen, fast 60-jährigen Epigonen
nie über ihr Anfangsstadium hinauskamen.

~

Ein Buch, das mich auf eine neue Bahn hebt – mehr Jungbrunnen
brauche ich nicht.

~

Ist Schokolade im Hause, bin ich beruhigt,
denn eine Aktie vom Paradies befindet sich in greifbarer Nähe.

~

Es mag ja sein, dass eine Anhäufung von vielen Köche
den Brei verdirbt, aber was will man als Kantinenchef machen,
wenn einer allein nichts fertigbringt.

~

Einiges von dem, was wir heute erneut auf später verschieben,
geisterte uns bereits vor zehn Jahren durch den Kopf.

~

Man sollte genau wissen, welches Ziel das eigene Vorbild
vor Augen hatte und wie alles begann.

~

Blockiere der Probe halber ein kleines Rädchen
in einem technischen Gebilde, schaue das Ergebnis genau an,
überdenke es und übertrage es auf deine Meinung über Menschen,
welche eher im Hintergrund agieren.

~

Noch gibt es keine eindeutigen Anzeichen für den Niedergang
der Menschheit, aber – wir arbeiten daran!

~

Kannst du mit einem Buch nichts anfangen,
mag es tatsächlich nichts wert sein oder du nicht bereit zu denken.

~

Sechs Tage benötigte Gott, um die Welt zu erschaffen.
Hielt ihn während dieser Zeit der Optimismus bei der Stange
oder outete er sich erst hinterher als Pessimist? Immerhin ward er
ab Woche zwei nicht mehr auf Baustelle gesehen!

~

Jeder frage sich: Habe ich das, worüber ich nicht sprechen möchte,
überhaupt geistig verdaut?

~

Männer wollen bei ihren Frauen was in der Hand haben,
doch bei den Handhabungen bleibt es ja nicht.

~

Illegale Verwertung fremder Gedanken ist gar nicht so selten,
doch gibt es scheinbar auch Leute, die glauben,
Denken generell sei illegal.

~

Hat der Wahnsinn Methode, könnte es ja theoretisch so aussehen,
als ob sich wenigstens ein Medium nach System verhält.

~

Wonach sollte man einen Menschen eher befragen:
nach dem Eigenbedarf oder der persönlichen Nutzung?

~

Ein kluger Mensch dachte über das Sprichwort
„Wie der Herre, so's Gescherre!" nach und erfand
die Spülmaschine.

~

Das Gebot, aus Fehlern zu lernen, erfährt vielfach eine
Fehlinterpretation und viele sind geneigt, mit den Fehlern zu leben.

~

Wir überschätzen den Wirkungsgrad des Glücks. Was wir erwarten,
vermag der Lauf der Ereignisse vielfach gar nicht zu leisten.

~

Mit fehlender Einstellung zur Herstellung
findet man freilich keine Anstellung.

~

Nicht jeder ist bereit, sein Gehirn einzuschalten,
nur weil ein Problem auftritt, das massiv zu denken gibt.

~

Auch ich ließ im Laufe der Jahre Federn. Vor allem erkenne ich es daran,
dass ich keinen Kamm mehr brauche.

~

Das Personal der Gerüchteküche redet das eigene Glück
über alle Maßen ungerechtfertigt schön, das der anderen klein,
und schmückt geschehenes Unglück auch noch blumig aus.

~

———

Der Narzisst schließt sich vor anderen Menschen ein
und einschließlich sich selbst in seine Gebete.

~

Von seinem Gehilfen lässt sich der Weinpanscher
das Wasser reichen.

~

Leichtfertig blendet man weit zurück liegende Erlebnisse aus,
was nicht heißt, dass nie etwas geschah die Zeit spurlos
an einem vorüber ging.

~

Nur in allerseltensten Fällen beichtet der eigenen Person,
wer Selbstgespräche führt.

~

Es mag seltsam anmuten, dass selbst auf Einwegartikel
die Mehrwertsteuer erhoben wird.

~

Nachdem er Schuhe und Strümpfe ausgezogen hatte,
konnte sich jeder ein Bild davon machen, wohin es führt,
wenn einer das Bad permanent meidet.

~

Als Ereignis will der Mensch gar vieles nicht wahrhaben,
würde aber dessen praktische Ergebnisse – als bare Münze angeboten –
nicht ablehnen.

~

Im Mittelpunkt will er stehen, doch – statt das Geschehen
zu bestimmen – trifft ihn alle Kritik.

~

Was als Fortschritt gepriesen, lässt uns in Wirklichkeit
oft nicht fortschreiten von elementaren Problemen.

~

Zu der Vielfalt an Faktoren, die unsere Welt zusammenhalten,
gehört mit Sicherheit nicht der Mensch.

~

Das Glück als solches kann niemand finden. Jeder muss
von einer persönlichen Ansicht, Vorstellung, Tätigkeit oder Neigung
ausgehen und sich unbeirrbar darauf berufen.

~

Werden Streithähne veranlasst, ein Beruhigungsmittel einzunehmen,
garantiert das zeitweilige Ruhe, jedoch kein langfristiges Einvernehmen.

~

Die Politiker scheinen die Wahrheit zu kennen und wissen vielleicht
auch um einige Zusammenhänge.

~

Nicht nur falsche Fuffziger existieren, sondern auch Menschen,
welche behaupten Millionär zu sein und in Wahrheit
nie Geld besaßen.

~

In der Kantine des Atomkraftwerkes entnimmt man den Strom auch nur
aus der Steckdose und zapft ihn nicht frisch aus dem Reaktor.

~

Der im Traum Träumende schläft keineswegs fester als andere.

~

Man freut sich mit den Bewohnern und ist zugleich
peinlich berührt, trifft man anderenorts die Dinge besser organisiert
und geordnet an – als in der Heimat.

~

Bei praktisch auf einer Ebene Befindlichem
kommt es manchmal auf plus/minus zehn Zentimeter nicht an.

~

Nur durch ihren Untergang konnte sich die DDR
zum Nostalgieobjekt entwickeln.

~

Auch heute läuft der Mensch noch seine Strecken ab,
allerdings reduzierte sich die Anzahl der Schritte erheblich,
steht doch das Auto meist um die Ecke.

~

Mit einem Kopfverband versehen,
sieht jeder Dumme gleich viel intelligenter aus.

~

Eine Altlast muss nicht schwer sein,
um verheerend auf die Umwelt zu wirken.

~

Über Stützerbach kreiste meines Wissens noch nie ein Ufo;
ob uns Gebirgler die Aliens vielleicht nicht mögen?

~

Und sollte auch nur ein Mensch weltweit verdummt werden,
so muss es dennoch jemanden geben, der davon profitiert.

~

Was nützen die besten Systeme, wenn keine geschulten Menschen
existieren, welche sie optimal zu nutzen verstehen.

~

Erst war Geschrei aus der Wohnung zu vernehmen,
dann kam die Polizei und es herrschte Ruhe
(wenn auch kein Einvernehmen).

~

Manchmal kommt wirklich alles auf einmal:
draußen dichter Nebel und zu Hause dicke Luft!

~

Die Zerstörung der natürlichen Umwelt durch den Menschen beträfe
ein jegliches – nicht nur alle neune!

~

Stellvertretend für die Welt appelliere ich an meinen Kaktus,
denn der kennt und versteht mich am besten.

~

Arbeitgeber bieten nicht nur Jobs an, sondern schieben
für gewöhnlich gleich noch eine Portion Arroganz hinterher.

~

An jedem Glühwürmchen sollten sich gewisse Menschen
ein Beispiel nehmen und (aus Arroganz diesem kleinen Tierchen
gegenüber!) einen bedeutend größeren Funken
Menschlichkeit entwickeln.

~

Ein kleiner Nutzen wird sich durch meine Texte ergeben,
davon bin ich überzeugt. Die Welt entnimmt sich über kurz
oder lang den Quant des Verwertbaren.

~

Wenn eine Ära zu Ende geht,
kommt die Zeit nach einer Zeit.

~

Der Sand, der Strand, das Meer und mehr – was erwartest du
noch mehr?!

~

Es ist nicht verboten, die Wahrheit zu verkünden,
aber scheinbar sinnlos; es erkennt sie ja doch – in nackter und bloßer
Form mitgeteilt – praktisch niemand als solche an.

~

Auch für den Erfinder des Totenscheins
wurde letztlich einer ausgestellt. Das hatte er nun davon.

~

Bei Verkündung der Wahrheit bricht eventuell der Teufel los;
soll sie im Dunkel bleiben, gibt es zu Vertuschung oder Lüge
keine Alternative mehr.

~

Es schlägt nicht zwingend dem Gang in zukünftige Versenkung
ein Schnippchen, wer in seinem Leben mindestens
ein Buch veröffentlichte.

~

In einigen Situationen müht man sich ab, was das Zeug hält.
Die dabei gewonnene Substanz ist nicht anders zu bezeichnen.

~

Menschliche Fehler wird es immer wieder geben,
schon allein durch den permanenten Variantenreichtum
der eben nicht direkt falschen Handlungsmöglichkeiten.

~

Die im Vordergrund agierenden Personen müssen sich nicht zwingend
als Anhänger rein humanistischer Ideale erweisen.

~

Irgendwann in naher Zukunft ist der Himmel überfüllt,
allein schon durch die Flut der heiliggesprochenen Personen.

~

Aus der dümmsten Äußerung lässt sich maximal
noch ein Witz formen.

~

So, wie der Nazimob die Asylanten in der Stadt willkommen hieß,
wird er hoffentlich bei seinem Einzug in der Hölle begrüßt.

~

Tiefgründige Überlegungen reichen nie so weit,
dass sie alle wichtigen Faktoren mit einbeziehen.

~

Gelänge es, dass Menschen vor den mit Sicherheit händelbaren Dingen
alle Ängste ablegen, wäre die Welt um einiges besser.

~

Jenseits der hundert minimieren sich die Chancen – im Leben
wie im Auto.

~

Dem renommierten Künstler steht es frei, sein neuestes Kunstwerk
„Bruchstück" zu nennen. Der Normalbürger aber ist angehalten,
im Ganzen zu denken wie auch zu wirken.

~

Die Philosophie ist nichts anderes als ein Kinderspielplatz
von Erwachsenengedanken.

~